沟通高手都会控制情绪

真正厉害的人，从不靠情绪表达自己

谭论 著

中国商业出版社

图书在版编目（CIP）数据

沟通高手都会控制情绪 / 谭论著 . -- 北京：中国商业出版社，2019.8
ISBN 978-7-5208-0815-6

Ⅰ . ①沟… Ⅱ . ①谭… Ⅲ . ①情绪 – 自我控制 – 通俗读物 Ⅳ . ① B842.6-49

中国版本图书馆 CIP 数据核字 (2019) 第 126408 号

责任编辑：张新壮　张盈

中国商业出版社出版发行
010-63180647　www.c-cbook.com
（100053　北京广安门内报国寺 1 号）
新华书店经销
北京富泰印刷有限责任公司印刷

＊

880 毫米 ×1230 毫米　1/32 开　7.25 印张　136 千字
2019 年 8 月第 1 版　2019 年 8 月第 1 次印刷
定价：42.00 元

＊＊＊＊

（如有印装质量问题可更换）

前言

生活中总能听到这样的抱怨:"为什么这件事就我搞不好?""为什么我就是不招人喜欢?""为什么跟别人相处这么累?"其实导致一件事情结果的好与坏,除了事情本身的因素外,很大程度上取决于当事人的沟通方式与情绪控制。

同样的事情,换作不同的人沟通处理,结果可能会截然相反。这就是沟通的魅力。不同的情绪表现,能成一件事,也能毁一件事。可以毫不夸张地说,许多问题都是沟通出了问题。沟通顺畅了,加之情绪控制得体,事也就成了。

掌握好沟通这门艺术,关键在于情绪控制。任何一种高效的沟通行为,都是在心平气和的状态下进行的。心平气和时,我们才能完整地表达出自己的想法和需求;心平气和时,大脑才不会被因情绪所产生的多余戾气填满,才会有空隙让理智入驻。

人与人之间构成了社会关系。社会关系纷繁复杂、层层叠叠、网织密布，有家庭关系、亲戚关系、朋友关系、敌对关系等，这些关系的建立有各种不同的原因。放眼人这一生，要与很多人打交道，结成各种关系。我们需要与之相处的大致可以分为六类，即自己、亲人、爱人、朋友、同事以及陌生人。针对不同的人群、不同的关系，每个人必须学会不同的相处和沟通方式，才能长久地维护好这种关系，建立良好的社交。

　　社交中令人感觉得体、舒服的沟通行为，是可以通过后天刻意学习的。本书从上述六种基础关系入手，为广大读者提供了针对每一种关系的最有效沟通法则和情绪控制方法。希望读者在阅读本书时，按图索骥，在各种人际关系中找出自己最薄弱的环节，针对其要点与难点，快速掌握相应的沟通技巧，让这门舌尖上的艺术，成为您事业和生活中的社交利器，营造出和谐的人际关系，开创出崭新的自我篇章。

PART 1

学会与自己相处，是最高级的情商

我们总在思考如何与别人相处得更好，却忽略了最重要的一点，即如何与自己好好相处。只有学会与自己相处，才能与别人好好相处，从而展开和谐沟通；才能与社会好好相处，获得自己想要的人生。

在做所有事之前要先找到自己 / 2

"三二一法则"让情绪不给自己添麻烦 / 6

学会控制自己的情绪按钮 / 9

夸自己时别忘了给嘴巴抹点儿蜜 / 13

林肯说凡是生气时写的信都要烧掉 / 17

把身材练好，把妆化好 / 21

大怒时睡觉，独处时思考 / 24

智者以理智控制情绪，不为小事生气 / 29

自嘲是高级情商的标配 / 34

PART 2
面对亲人,不要满嘴都是爱却面目狰狞

亲人间要好好相处,因为亲人是一辈子都断不了的关系。面对亲人,无法保持良好沟通,是伴随一生的痛苦所在。切记,千万不要把最差的一面留给至亲的人。

头低一低,情商长一长 / 40

及时闭嘴才能不把沟通变发泄 / 44

不要吝啬说出赞美和爱 / 47

越是亲近的人,越要用心对待 / 51

轻重不分和耿直是两回事 / 55

说出你"都知道"时,你最无知 / 59

别让非语言表达毁了你的爱 / 63

没有话说,可以说"废话" / 67

老辈之言可听可说,可信一半 / 72

PART 3

做和谐爱人，要先处理心情后处理事情

爱是一种能力，一种感知能力，感知到对方为自己所做的一切，感知到自己因为对方的行为而产生的情绪变化。所以，爱人之间的沟通和相处总是情绪先行，因为爱本身就是一种本能的情绪。

千万别把送分题做成了"送命题" / 76

能说"真漂亮"的时候别说"挺好的" / 81

哪怕斗嘴，也别忘了亲嘴 / 84

要学做双面胶，不做夹心饼 / 88

相敬如宾，才能相看两不厌 / 92

修得豆腐嘴，坚守刀子心 / 96

换位不容易，每个人都有自己的脾气 / 100

婚姻不是战场，懂让才是赢家 / 105

爱情和人品无关，与情绪有关 / 110

PART 4
对待朋友，好好说话相处舒服就可以了

何为朋友？朋友其实是能让你时刻都觉得他和你是一伙的。人生苦乐参半，何必将"苦"互相传染，伤人伤己；好好说话，给朋友找"乐"，让自己欢愉，这种舒服是你给朋友最好的回馈。

自嗨要不得，须看懂对方的回应 / 116

能说不好意思时，别说对不起 / 121

可以嘲笑朋友，但不能嘲笑他喜欢的东西 / 126

生气可以，但指责朋友不可以 / 131

永远不要听信别人口中的他 / 136

不必把太多人请进生命里 / 141

出卖朋友取悦他人，这种事不要做 / 145

让人舒服，是最顶级的人格魅力 / 149

我好好踢你，你好好说话 / 154

PART 5
与同事相处,要先说好话才能办好事

同事是一种远离亲人与朋友的存在,他们与你羁绊相交,却没义务感,随时可以离开。同事以共同利益相捆绑,以同做好一些事为纽带,因此,同事间的相处要存好心、说好话,方能办好事。

学会认可别人,会事半功倍 / 160

能用表情包解决的就不要说脏话 / 164

人前不应该说的话,背后也别说 / 168

共同做一件事,不要共同说一件事 / 171

该叫阿姨的叫姐,该叫姐的叫美女 / 175

你关心别人的样子,真让人不爽 / 179

知道的不要全说,听到的不要全信 / 183

PART 6

初次见面,你需要的不是情商而是社交商

萍水相逢的陌生人,有可能改变我们大脑的运作方式,让我们的行为方式发生迥异变化。不仅情商重要,提高社交商也迫在眉睫,因为它决定了我们的心智表现,决定了我们一生的走向与成就。

微笑是最好的敲门砖 / 190

在拒绝这件事上,越简单越好 / 194

你评价别人的样子,出卖了你的素养 / 199

不做傻人,逢人只说三分话 / 203

社交没那么容易,每个人都很忙 / 207

为别人着想的善良,是最好的沟通前提 / 211

尬聊就是没情商,不会来事 / 214

不要一味地讨好,良好沟通从拒绝开始 / 218

PART 1

学会与自己相处，是最高级的情商

　　我们总在思考如何与别人相处得更好，却忽略了最重要的一点，即如何与自己好好相处。只有学会与自己相处，才能与别人好好相处，从而展开和谐沟通；才能与社会好好相处，获得自己想要的人生。

在做所有事之前要先找到自己

这辈子，父母会离开我们，朋友会离开我们，爱人会离开我们，所有的人都有可能会离开我们，唯独只有我们自己会一直陪着自己，不离不弃，所以我们要学会跟自己沟通、跟自己相处。

学会跟自己相处被认为是最高级的情商。

你是否有过这样的时候：一个人静下来尤其是面对黑夜时，会特别悲伤，仿佛自己所有的情绪都汇聚成了悲伤，悲伤喷涌而出，悲伤无处不在，你觉得自己一无是处，你对自己讨厌极了。

其实，你如此悲观，不是你真的有多么糟糕，而是你没有认清自我，没有找到自己。

找到自己很简单，需要我们在放大自己时，学会接受自己。

当我们真正接受了自己,才会变得更有力量。

我妈活了半辈子,也和肥胖面对了半辈子。她之前减肥过无数次,但每次减肥都看似是无奈之举——不是因为好看的衣服穿不下了,就是因为跳广场舞时没法站在C位。每次减肥过程她也是充满愤怒,整天没句好话,不是嫌自己喝水就胖,就是嫌现在的食物热量高。

结果,只要我妈开始减肥,我们全家就一起跟着难受。难受过后,她的减肥还是以失败告终。一直到最近几年,想必是到了天命之年,人活得通透了,她才找到和肥胖相处甚欢且能够控制它的办法。

我妈彻底接受自己是个胖人,接受自己喝水都会胖的易胖体质。以前看到肚子上的肉她会念叨"难看,难看死了,都是你害的",现在则会乐呵呵地拍一拍肉说"这些年就你最爱我,永远对我不离不弃"。有了这种自嘲心态,她每次在健身房跑起来都是开心的,不再觉得跑步是为了减肥,而是为了让自己更健康、更漂亮。

人生第一大敌人是认不清自己。人生的失败,很大程度上是由于不能认识自己的弱点与缺陷。弱点与缺陷如果被认识到，我们就会刻意去克服改变它。这样，人生道路会走得更顺当。

如何找到自己的弱点和缺陷呢？重叠法是最好用、最简单的方法。

朋友、家人对你的差评，以及你对自己的差评，其中重叠的部分（比如，你对自己的评价有脾气暴躁一项，刚好家人跟朋友也对你有这样的评价）就是你最大的性格弱点和缺陷。

你能对自己给出和家人、朋友对你一样的差评，说明你放大了自己；面对朋友跟家人对你的差评，你表示认同，说明你接受了自己；最后你要做的就是克服改变自己的弱点和缺陷。

人生第二大敌人是浪费时间。每个人一天都只拥有24小时，每个人都只能走过一生，区区不过三万多天。所以，我们不要挥霍时间去自怨自艾，不要停下脚步去悲伤难过，要认清方向，只争朝夕，不停地"走"，人生从来没有过不去的坎。

人生第三大敌人是病魔。病魔的存在不是为了让我们放弃，不是为了让我们悲观，而是为了让我们清晰地认识到时间的重要性，从而快速找到自己真正想做的事，以便将时间"浪费"在这些事上。

李敖81岁时罹患恶性脑瘤,医生告诉他生命只剩3年。对于患重病,李敖说他没有什么忧愁,就是一个人面对。李敖计划用3年时间再出3本书,完成出版85册的《李敖大全集》。李敖深知:人生要收尾时,除了抓紧时间做自己想做的事,任何的忧愁都是无用的。

人生除了生死无大事,当我们看破死亡的必然、时间的有限、自己的不完美时,再次面对他人、面对世界,会多一份平和与接纳。

人一旦平和了,就能好好跟自己、跟他人、跟世界,进行完美的沟通,做好应做的事,活出快意人生。

"三二一法则"让情绪不给自己添麻烦

"三二一木头人"这个游戏我们小时候就玩过,那时的我们对这个游戏乐此不疲,因为我们很享受那种当别人背过身后,我们快速前进、嬉笑怒骂、率性而为的快感。

一旦"三二一"的声音响起,只要我们来得及将所有的情绪隐藏起来,回归平静,当别人转身时,只看到优雅安静的我们,仿佛刚才的"狂风暴雨"不存在一般,我们就是安全的,就能继续享受游戏的快乐,而一旦在"三二一"之后我们没有藏住自己的小动作,就会被淘汰出局。

情绪也是生活给我们玩的一个小游戏,如果我们控制好了情绪,就会避免很多不必要的麻烦。记得有一天我开车去闺蜜家串

门,到小区门口时,因天气炎热导致心情烦闷,坐在驾驶座上冲保安嚷了一句:"开门呀!没看到车都开到门口了吗!"

我想当时自己的脸色肯定超级难看,让保安很不爽。保安走出保安亭要求我下车进行登记,我拒绝了。因为之前都是直接开门让我进。我拒绝,保安坚持,一来二去争执了很久,最终我还是不得不站在烈日底下完成了登记。

事后想一想,一开始如果我控制了情绪,像以前一样微笑着说上一句:"嗨,帅哥,麻烦帮我开个门呗!这么热的天,你们真辛苦呀!"我想,肯定没有后面的事了。

再如果,保安让我登记时,我道个歉服个软,不被情绪控制,也不会发生后面的那些不愉快。

由此可见,情绪一旦没有控制好,就会如洪水猛兽,一步步将我们逼入麻烦的境地。最后我们需要花更多的时间去处理情绪带来的麻烦,反倒耽搁了"正事"。

所以说,碰到需要我们控制情绪时,不妨回到小时候,来玩一次"三二一木头人"的游戏。这个游戏很简单,只需要掌握"三二一法则"就行了:当你感觉到自己的情绪要爆发时,不管你在做什么,都停下来三秒钟,点两下头,再来一次深呼吸,然后再去沟通处理事情。如此一来,你会发现坏情绪不见了,被一种更轻松的状态取代了，沟通也变得事半功倍了。

停下来三秒钟，让氧气进入大脑，冲散情绪所产生的戾气，让大脑保持清醒状态，不会因为一个冲动犯下事后追悔的错误。

点两下头，是让你表示认可，对方一旦看到你认可的态度，也会消散他因为你的情绪所激出的坏情绪。人与人之间是相互影响的，你支起满身的刺，对方肯定也会竖起防御的盾牌，如此情况下必然是两败俱伤。

点两下头之后，你的情绪得到了很好的控制，随之而来的一个长长的深呼吸是让你将紧张、愤怒等坏情绪更新为轻松、愉快的情绪。这样你说出的话才是暖的，你做的沟通才是有效的。

当你即将怒不可遏、口不择言时，尝试一下"三二一法则"，你就会发现，事情没你想象的那么"是可忍，孰不可忍"。

学会控制自己的情绪按钮

要控制好自己的情绪可不是一件简单的事,要知道我们一生都在追求极致的自由,即活出自我。但活出自我不意味着放飞自己,让自己的情绪乱飞,肆意走在伤人伤己的边缘。

在电影《绝对控制》中,黑客与商人形成了鲜明对比:黑客住在混乱的贫民窟,商人住在超级豪华的别墅里;黑客开着破旧的小车,商人开着超级敞篷跑车;黑客连糊口的稳定工作都没有,商人的公司却在不断扩张正准备上市。为什么会形成如此鲜明的差距?电影的最后给出了答案。

黑客跟商人进行PK时,黑客虽能通过科技网络手段控制他人,但却没法控制自己,最终,连自己也失去了。而商人则能在关键时刻控制住自己,所以他赢了。这部影片成功地演绎了其电影名——绝对控制就是控制自己。

要做到控制自己,就得学会如何按下"情绪按钮"。每个人都有一个情绪按钮,掌管开心与愤怒、忧虑与平静。你启动了开心按钮,而外界没按你的要求进行,于是你生气了。生气倒也不严重,关键是你的手放在愤怒的情绪按钮上,按了下去,后果可想而知。

想想是不是这样,很多次你做好了可口的饭菜,期待着与爱人由这场晚宴开始一个美好的夜晚。饭吃完了,你撒着娇让爱人洗碗,爱人拒绝了,说明天洗。这不是你想要的答案,所以你怒了,说他不在乎你,由着你的情绪开始细数往日不悦的种种,最终好好的气氛被你破坏殆尽,两个人一整晚都不开心,与你做这顿饭的初衷背道而驰。

之所以这样,原因就在于你没有控制住情绪,任由其启动了愤怒的开关。

一些人吵架时会说,"是你让我伤心""是你让我委屈""是你让我痛苦",他们以为自己的痛苦来自对方,而没有意识到,其实是自己没有控制好情绪按钮才导致了这一切。

雅琴是一个全职妈妈,她感觉自己每天每时每刻都活在愤怒之中:女儿衣服乱丢她发脾气,女儿不好好吃饭她生气,丈夫坐沙发上玩手机她开口大骂,就连丈夫走路发出声音她都恨不得跟他打一架……

为此孩子不愿接近雅琴,丈夫更是能躲多远则躲多远。雅琴也很无奈,她感觉自己不受控制,每次遇到让她不爽的事,她就如被人按下了愤怒按钮,开始生气,吵闹。

雅琴一直都认为是孩子跟丈夫没做好,才惹得她生气。直到有一天,女儿正趴在桌上做作业,雅琴指责女儿坐姿不对。女儿见此情形马上跑到雅琴面前,抱住她软软地说道:"老师说,每个生气的人,自己最难受,妈妈不要生气,我不想你难受。"听了女儿的话,雅琴好似受了电击一般。她这才意识到,原来自己所有的愤怒,不是来自外界,而是源自她本身。

设想自己身上有四个情绪按钮,红键管开心,绿键管平静,灰键管忧虑,黑键管愤怒。当你察觉到愤怒时,你要学会绕开黑键,哪怕不能按下红键,也决不能按下黑键。

学习处理自己的内在情绪,和自己进行沟通。每一次愤怒来袭时,和自己做一次沟通,告诉自己不要生气、不要愤怒,而不是一味地去要求别人改变。

所以，当有人惹你生气时，首先要将双手从黑键和灰键上移开，然后按下绿键，进行内心独白："不要生气，不要生气，容易老，容易老。"这样你会自然而然按下红键，愤怒消散，开心到来。

要记住，情绪按钮掌控在我们自己手里，只有我们自己有控制自己的权利。

夸自己时别忘了给嘴巴抹点儿蜜

《超时空同居》里,演员佟丽娅的一句"老娘天下最美"说出了多少女孩子不敢言的心声,道出了多少蓄积于胸的不良情绪。是的,天下自己最美,没有更美的了。

自信是最好的美容护肤品,每个自信的人浑身上下散发出天然的魅力,让人不能移目。自信更是最好的情绪稀释剂,能分分钟抚平不良情绪。因此,生活中如果没人夸我们时,我们就自夸,而且自夸要不遗余力,怎么开心就怎么夸。

自信的人,从不靠情绪表达自己。我们的不自信,通常是因为来自内心的不良情绪左右了自己。

小美肤白貌美，工作和家庭也很好，按理她应该是一位优雅知性的魅力女人，可她因为左脸颧骨上的一小块胎记整天郁郁寡欢，一点点小事就能让她情绪崩盘，恶语伤人。

所以小美的朋友越来越少，自己也越来越不开心。

还好，小美遇到了一个懂她、愿意接纳她的男朋友。男朋友总说小美脸上的红色胎记是上帝的吻，很美。两个人相处一段时间后有了结婚的打算，但所有的美好只因为一盘羊肉就毁了。

那天小美跟男朋友约会吃火锅，羊肉上来的时候，男朋友随口说："这羊肉的颜色怎么有点眼熟？感觉不对呀！"

听了男朋友的话，小美立刻捂住了自己左脸，感觉男朋友所谓的颜色看着眼熟，是因为想到了自己脸上胎记的颜色，随即被不良情绪上了身，和男朋友展开了争吵，用最伤人的话语将男朋友戳得体无完肤，最后不欢而散。

后来，小美情绪稳定后去向男朋友道歉。男朋友的一番话，让小美第一次开始正视自己的情绪（她一直以来都以为自己爱发脾气是因为性格不好）。

"小美，你的胎记是那样独一无二，你为什么就不能告诉自己，自己天下最美、最独特呢？我相信，一旦你这样去想，你的胎记就会变得好看，你的那些坏情绪也会烟消云散。"

小美的男朋友说得没错。自信的人都没有多大的坏情绪，很多场合都能够以理性来控制住自己的情绪，轻松自如地应对一切。而情绪易于波动的人，与其说是坦率，不如说是缺乏自信。在该隐忍的时候隐忍，在该爆发的时候爆发，是一个人成熟且自信的标志。

我们不要总是对现在的生活不满，不要总是和别人去攀比。你的生活，有你的精彩，你在羡慕别人的时候，别人同样也在羡慕你。卞之琳有句诗想必大家耳熟能详，那就是，"你站在桥上看风景，看风景的人在楼上看你"。

相信自己，你也是别人眼中的一道靓丽风景线。

聪明的人明白，宽容是一种美德，是对犯错误的人的救赎，也是对自己心灵的升华。给对方一个机会，就是给自己一个机会。对于一些人，原谅，远比惩罚来得有效。也许只是一时的失误，也许只是一闪而过的歪念，人总有犯错误的时候，不要过于苛刻。对待他人尚需如此，对待自己则要更加宽容，全方位接纳自己的不完美。给自己最大的鼓励，过简单自信的生活，才能赶走坏情绪给我们带来的伤害。

心理学家认为，一个人的情绪稳定度甚至会影响他在事业或其他领域的成功率。如果我们把精力花在驱除不愉快的心情上，便不会有足够精力应对生活中重要的问题。因此，我们必须学会控制和化解自己的不良情绪，而要做到这些，首先从自信开始，所以，如果你是女生，别忘了，夸自己时要给嘴巴抹点儿蜜，越甜越好，大声告诉自己："老娘天下最美！"

林肯说凡是生气时写的信都要烧掉

人的情绪难免会时好时坏,据美国密歇根大学心理学家南迪·内森的一项研究发现,一般人一生中平均有30%的时间处于情绪不佳的状态。怎样释放坏情绪呢?尤其是怎样来释放愤怒呢?来看看林肯是怎样教别人的。

一天,陆军部长斯坦顿来到林肯面前,气呼呼地说一位少将用侮辱的话指责他偏袒一些人。林肯建议斯坦顿写一封内容尖刻的信回敬那家伙。在林肯看来,可以狠狠地骂那个家伙一顿。

斯坦顿当时会意,立刻拿出纸笔开始写信,一边写还一边碎碎念发泄着自己的愤怒和不满,写完后他立刻拿给林肯看。

"对了！对了！"林肯看完信后高声叫好，"要的就是这个！好好训他一顿。真写绝了，斯坦顿。"

斯坦顿得到林肯的夸赞也很高兴，于是忙不迭地将写好的信装进信封。这时，林肯却叫住他，问道："你干什么？"

"寄出去呀！"斯坦顿有些摸不着头脑。

"不要胡闹！"林肯大声说，"这封信不能寄，快把它扔到炉子里去。凡是生气时写的信，我都是这么处理的。这封信写得好，写的时候你已经解了气，现在感觉好多了吧？那么就请你把它烧掉，再写第二封信吧。"

林肯为什么能赢得当时以及现在无数人的尊重甚至崇拜？上面的小故事或许能给大家一点提示。

很多人并不缺乏机遇和才华，但缺少控制自我情绪的意识和能力，结果往往与成功失之交臂。

某公司领导岗位竞聘，A工龄长，业绩突出，每天忙工作，认真负责；B工龄短，业绩同样突出，但每天总会游走于各个办公室。A和B各有所长，各有所短，公司高层需要慎重考虑。竞聘期间每个人心里都是慌的，办公室充斥着各种讨论。

终于竞聘结果下来了，A和B分别被叫进了办公室，但领导给出了同样的答复——"你很优秀，也很适合这个岗位，但你也知道，最近公司各种声音都有，其中就有对你不利的声音，所以我们慎重考虑过后，觉得你暂时还是保持原岗位较好，再过一段时间会给出最合理的安排"。

同事们询问结果，A有点生气："问什么问！都是你们，没事总在办公室讨论竞聘的事。现在好了，过段时间再决定，你们又有话题可以讨论了。"

B则说："结果还没出，可能是我做得还不够好吧。"语气中有些失落，但没有不快。

第二天，B直接被宣布成为领导班子的一员。A和B都有些惊讶——怎么半年没有做出的决定，一天就做出来了？

老总给出了解释：

在一个公司，领导者应该有很强的情绪控制能力。因为当领导者情绪很糟时，下属不敢汇报工作，这样会影响工作进度。不仅如此，一个高层管理者情绪的好坏，决定整个公司的工作氛围，决定员工的工作效率。

的确如此。当一个人成为领导者时，他的情绪已经不单单是个人的事情了，它会影响到下属员工。职务越高，这种影响越大。所以面对公司由上而下的决策，领导者要做到的是将决策实事求是地传达下去，可以有不解、失望，但不能有不满、愤怒，否则当所有员工带着情绪去执行这项决策时，结果不难预期。

A错就错在，不该将自己没有竞聘上的愤怒情绪，转嫁到他人身上。他这次可以迁怒于人，下一次也可以，这是领导者担当精神缺失的表现。

所以说，一旦有愤怒或其他不良情绪产生，要懂得释放，而释放的方式也很重要，不能伤害他人，更加不能由着情绪颠倒黑白。不然的话，将会付出更大代价。

把身材练好，把妆化好

你是否有过这样的时刻：白天如金刚一般坚强，一到晚上就会情绪崩溃；刀割不痛流血不哭，而面对别人的一句劝慰却大哭不已；有时走在大街上，看到似曾相似的场景，会莫可名状瞬间消沉；等等。情绪就是这样不受控制，无来由，解释不清，独自崩溃又独自坚强。

面对他人的情绪崩溃，我们总是爱莫能助；我们情绪崩溃时，大家也无能为力。退一步说，彼此各有各的情绪崩溃点，旁人的安慰最多只能在旁边转转，到达不了中心点。

我从来不知道一个人的状态可以如此糟糕。

闺蜜林凡失恋时我刚好在外面出差，失恋的消息也是通过她朋友圈知道的，而且是那种三更半夜发的朋友圈。等我出差回来看她时，她整个人是浮肿的，就连走路都是拖着脚走。听着鞋子与地面摩擦的声音，我整个人鸡皮疙瘩都起来了。

林凡的压力很大，30岁了，大家都在忙着结婚，她却失恋了。她一想到要再去花时间、花精力了解一个人，然后还得花时间去确认对方适不适合结婚，就感觉世界末日要来临了。因此，她不惜放下自尊一次次去求那个"出轨"的前男友回心转意。我劝阻她多次，最后还是放弃了。一来是我工作生活忙，二来是我觉得不论我怎么劝她都没用。

林凡日益颓废，持续长胖，每天都是素面朝天，把前男友的种种不是挂在嘴边，搞得自己跟祥林嫂似的，同事能不跟她说话就不跟她说话，好几次公司原本打算派遣她出公差最终都另找他人了。

看到林凡这样，我都想躲着她，何况她那不靠谱的前男友。

林凡颓废了两个月后，突然如一头猎豹一样发力，将和前男友有关的一切东西都扔了，联系方式也斩断了。她每天除了健身游泳，就是拉着我各种美美美、买买买。托她的福，我的钱包也缩水了一大半，但皮肤却变得白皙水润，也算得上是"失之东隅，收之桑榆"。

我都有这样的收获，林凡更不用说。她对自己这么"狠"，生活回馈她的自然也"狠"：马甲线若隐若现，娇嫩的皮肤我都不敢碰，怕捏出水来。走在街上的她，面对路人的问路都是扬起嘴角的。

我终于愿意和她坐下来好好聊天了，聊生活和工作，还有未来。我在她面前感叹道："这才叫聊天呀！你刚失恋那会儿，跟你聊天就是找罪受。"

林凡笑了，微眯着眼睛看向远方说："把身材练好，把妆化好，就什么都会好起来。"

所以说，当痛苦袭来情绪无法控制时，跟周围的人絮叨自己的消极想法毫无用处，反而惹人嫌。只有暗自发力，照顾好自己才会好起来。

我一直很欣赏一句话——"所有事情到最后都是好的，如果还不够好，那说明还没到最后"。没法控制情绪时，就不要去管它，去跑步，去健身，让自己的身材变得更标准，让自己的肌肉变得更紧致，让自己的容貌变得更年轻。到那时你会发现，情绪再也控制不了你，因为你已经不在乎它了，你有了更多值得在意的事。

大怒时睡觉,独处时思考

一个人处于愤怒状态时,他的思考肯定是糟糕的,什么东西不好,他会想什么,不好的东西想多了,情绪就容易崩溃。

我有过一段特别焦虑、迷茫的时期。那时我刚辞职不久,准备以写作为生,却总是不见成效。

那段时期,我几乎每天都会跟自己发脾气:写不出稿子会发脾气,看到朋友过稿会发脾气,甚至看到陌生人的稿子成了"爆款",我也会发脾气。

我晚上逼着自己不睡觉写稿。越是这样,我的灵感好像消失得越快。没办法,写不出来,只好躺倒在床上。躺在床上我总会

想自己的无能、别人的能干。我发现自己没法好好思考了,脑子里想的都是特别不好的东西。我也没法好好跟人沟通了,一开口就是丧气话。

这种状态大概持续了两周,看着大把的头发往下掉,我发现再这样下去是不行了。我试着转移自己的注意力,去跑步。

这样坚持了一个礼拜,神奇的事情发生了:跑完步后我写作起来效率高了很多,而且一到晚上11点,困意就袭来,倒头就能睡着。当我第一次睡满10个小时后,一点都找不到愤怒的感觉了。

就这样,愤怒消极的情绪慢慢离我而去。我开始能够跟编辑、跟写友好好沟通交流了。沟通顺畅带来的结果是,我能准确找到自己稿子的问题在哪里,从而马上改正。这样一来就进入了一个良性循环,找到问题解决问题,就得到了良好的反馈。我对自己也越来越有信心,大家都笑着说我脾气变好了。

原来,从愤怒到平和,这中间的转折点无非就是两个字:睡觉。当情绪不稳定时,将身体状态保持稳定有助于让情绪得到恢复。

你愤怒自己不如别人,你是否想过为什么不如别人。聪明的人解决源头，愚蠢的人才去解决情绪。一旦你找到了问题源头，将事情解决了，才能彻底消除不良情绪。（此时独处时的思考就显得尤为重要了）睡觉是为了释放情绪，思考则是为了解决情绪。

如何做到独处时思考？最好用的方法就是冥想。冥想会让我们平静下来，持久地控制情绪，从而注意到平时忽略的问题。

乔布斯曾经这样形容冥想："这是隽永的时刻。我独自一人，所需要的不过是一杯茶、一盏台灯和一台音响。你知道，这就是我的全部。"在身心合一的冥想里，乔布斯准确地捕捉到了稍纵即逝的灵感与美。这灵感与美，运用于苹果公司的产品之中，由此改变了世界。

练过瑜伽的人都知道，呼吸和冥想是老师教的第一课。记得我第一次练瑜伽冥想时，伴着轻柔的背景音乐，以及老师的温柔引导声，日常很难入睡的我居然一秒钟就入睡！而且虽然只睡了五分钟，却感觉比睡了几个小时都舒服。

冥想是瑜伽实现入定的一个途径。运用冥想可以帮助我们排除杂念，使心、意、灵专注起来。冥想过后，可能就会让我们对某项工作产生更有价值的想法，对某一个问题有更深入的思考。深入思考过后再去解决某件事，势必事半功倍。

1975年，阿诺德·施瓦辛格陷入了焦虑。

那时的他，是一名健美选手，借由多次冠军的荣誉进军影视圈。影视对他来说是一个全新的领域，作为一个业界新人，他感受到了从未有过的压力。他一方面担心锻炼时间少没法保持身材，一方面又担心戏演得不好，会引起观众的批评。他每天有太多的事情要处理，同时也有太多事情导致他焦虑。

在这种状态下，施瓦辛格整个人郁郁寡欢，身边的人也大受其"害"，连跟他说话都不敢大声。

有一天，施瓦辛格在洛杉矶的海边遇到了一位冥想老师。老师建议他通过冥想来改善焦虑。在这之前，施瓦辛格从未接触过冥想，他非常怀疑冥想的效果。

施瓦辛格抱着试一试的心态，早晚各进行20分钟的冥想。

"通过冥想，不仅我的焦虑感消失了，我的情绪也比之前更稳定。我不再担忧工作太过繁重，不再将成堆的事情看成一个麻烦。直到今天，我仍然从冥想中获益。"感受到了冥想带来的好处，施瓦辛格这一练，就是一年。无论多忙多累，他都会抽时间冥想一阵，将一天的事情在脑海中过一遍。

施瓦辛格说，一年的冥想训练，改变了他的一生。

很多人会觉得冥想需要非常安静的环境，只能在特定的环境或者时间充裕才能进行，其实只要你愿意，随时随地都可以进行冥想。有很多场景我们都可以冥想。例如早上闹钟响了，冥想5分钟；等车、坐车时，冥想5分钟；吃过午饭困倦前，冥想五分钟；等等。

柏拉图将我们的大脑比作牢笼，我们的想法则像鸟儿，在大脑的牢笼里飞来飞去。为了让鸟儿安定下来，有时我们需要的恰恰是一段漫无目的的平静思考时光。通过冥想，纷繁杂乱的思绪可以安静下来，乱七八糟的情绪得到安抚。

所以，将这些平时看似没用的5分钟时间段利用起来进行冥想，会让我们精力更充沛，情绪更加平和，心态也更加稳定。

智者以理智控制情绪,不为小事生气

你常遇事小题大做,被情绪牵着鼻子走吗?你常为生活中的小事耿耿于怀吗?你相信一个人可以通过改变自己的态度,来改变一生吗?

每个人在生活中都会碰到一些不如意的事,而这些不如意的事带给每个人的影响又各不相同,有些人可能会因为这些不如意的事而郁郁寡欢,也有些人却会从中发现快乐。苦中可以作乐,悲痛可以化为力量,危机也能变成机遇。换一种角度看世界,世界就会因你而不同。

生活中经常有人为一些小事而生气,这样不但影响自己的身心健康,而且还影响到周围的人际关系。其实他们也不想这样做，但就是控制不了自己的情绪。

有一个故事：

亚瑟是一个5岁的男孩子，一天晚上他想看西部牛仔的影片，但妈妈不同意，因为时间已经很晚了，他得去睡觉，第二天还得上学。

亚瑟听了妈妈的话，很生气。妈妈说："你生气就生气吧，但还是得睡觉。"

亚瑟气得更厉害了。妈妈说："够了，够了。"可还是不行，亚瑟的气像强劲的旋风掀走了屋顶。

爸爸说"够了够了"，可还是不行，亚瑟生的气转为台风，把整个城市都扫进了大海里面。

见此情景，爷爷说"够了够了"，可还是不行，亚瑟的生气引起了地球一阵颤动，使地球表面裂开了，就像是被敲破的鸡蛋壳一样。

奶奶受不了，大声说："够了够了！不要再生气了！不然都会毁掉了！"

但亚瑟的生气停不下来，终于变成了一场宇宙震。地球、月球，大大小小的恒星、行星，亚瑟的国家、街道、城市与家最

终只剩下了小小的碎片,在太空中漂浮。亚瑟就坐在碎片上想:"我为何要生这么大的气呢?"他已经想不起来了。

有时候就是这样,连自己也不知道为何要生气。既然如此,为何不在生气的时候控制好自己的情绪呢?要知道,生气的代价可是相当昂贵的。

生气、坏心情只会使你受情绪的控制,产生更多失去理智的决定。生气,还会导致你的身体处于"战争"状态,引起巨大的内耗。你需要坚定一种信念,那就是:凡事发生,全然接受,好也庆祝,坏也庆祝。

下面这个案例中女儿的做法就很对,她不仅能做到让自己不生气,还能"控制"好别人的情绪,不让生气这个坏东西伤害到自己和自己爱的人。

有一天,父亲下班回家,一进门就看到了十多岁的女儿正在用他的工具修理东西。工具散落一地,客厅凌乱不堪。见此情景父亲不禁大发雷霆。女儿将客厅收拾干净后跑过来抱住父亲问道:"爸爸,你今天在办公室里肯定是遇到了不愉快的事情,对不对?"

这是个懂事的女儿,她理解爸爸的怒气并不是全针对她,他心里面也许是因为别的事受了伤。所以,她没有用生气的方式回应父亲的怒火,而是通过安慰的方式,让爸爸不要生气。这真是极大智慧的表现,也是高情商的体现。

人属于情绪动物,一旦控制好了情绪,不论是与人沟通,还是处理事情,都能达到最佳效果。

现实生活中经常出现类似下面的事情。

孩子放学回家后重重地把书包一摔,问他发生了什么事,他却不礼貌地说:"你好烦呀!"

有时候太太问先生晚餐要吃什么,先生却不客气地说:"跟你结婚这么久,我喜欢吃什么你还不知道吗?"

先生下班以后回到家,看到太太抱着孩子沮丧地坐在客厅,就过去关心地问:"今天心情不好吗?"没想到太太却生气地说:"你为什么到现在才回来?你什么时候关心过我心情好不好?"

…………

这个时候,如果你是生气者的目标对象,心里肯定是不爽的,但你如果控制不住情绪跟对方针锋相对,那就等于是抱薪救

火，会导致局面没法收拾。

因为小事情而闹得天翻地覆，生完气后再回头反省，着实难为情。还有一种人，无缘无故地就跟自己生起气来，并不是因为其他人、其他事。这样的人简直是在拿自己的身心健康开玩笑。

英国著名作家迪斯雷利曾经说："为小事生气的人，生命是短暂的。"如果你真正理解了这句话的深刻含义，那么你就不会再为一些不值得一提的小事情而生气了。

总而言之，"生气就是拿别人的错误来惩罚自己"，这是一句至理名言。照顾好自己，首先要控制好自己的情绪。

自嘲是高级情商的标配

自嘲,其实是一种高级的生活哲学。自嘲者,必定热爱生活,有生活情趣。如果不热爱生活,怎么会去发现自己的可笑之处?怎么会觉得这可笑之处可笑?又怎么会将这可笑之处讲出来呢?

有些人认为自嘲是自轻自贱,太丢面子。这种想法大错特错。恰恰相反,喜欢自嘲的人,大多是自信、乐观、幽默的人,他们对自身有着深刻的领悟和认知。自嘲是一种谦虚,是自我曝光缺点,是自我的一种调节。

这一辈子,我们和自己相处的时间最长,如果我们总是对自己这不满意,那不满意,那每天势必会被悲观消极的情绪牢牢控

制住。

同事小胖刚到公司时因为肥胖有点自卑，不大愿意跟人打交道。每次听到同事说出"胖""肉""大"等字眼，就疑心说话者在影射自己，立马摆出一副阶级斗争的面孔，严重时，甚至会勃然大怒。

有一次，一个女同事在咖啡间感慨："我不能再吃了，要是成了一个胖子，只能去死了。"

刚巧小胖听到了这句话，当时就将杯子重重地往桌上一放，吼道："为什么胖子就该去死？你是不是认为我该去死？"

女同事被惊到了，一句话也说不上来，场面无比尴尬。最后在其他同事纷纷上前打圆场的情况下，事态才平息下来。

这件事情过去一段时间以后，小胖发生了变化。

在一次欢迎新同事的会上，领导让新同事凭直觉说一说在座同事的优点。轮到说小胖时，新同事看了一眼小胖马上笑着说："小胖的优点就是胖呀！我最喜欢跟胖子打交道了，胖子心宽体胖，有幽默感，能包容人，都非常好相处。小胖我说的没错吧？"

大家面面相觑，担心小胖会拍案而起。没承想小胖哈哈一笑,说:"我不光好相处,能包容人,还能包容空间呢。"大家都笑了起来。

后来同事们跟小胖相处得越来越愉快,就有人止不住好奇问小胖是怎么做到放宽心态的,小胖说是因为看了美国总统林肯的故事。

林肯眼睛不大,脸又很长,可谓其貌不扬。在一次演讲中,有个参议员突然站起来,声色俱厉地攻击他是"两面派"。当时林肯态度从容地扫视一下会场后说:"请各位评评理。如果我还有另一副面孔的话,我会把这副面孔带到会场来吗?"会场里爆发出了笑声和掌声。

小胖说:"人家当总统的都不在意别人说他的相貌,我就更加没必要在意被人说我……丰满了,对不对?"同事们都笑了。

生活中,不乏一些随时准备抓住我们缺点、嘲笑我们的人,而我们每一个人身上也难免会有缺点。面对自己不能改变的缺点,放宽心态,多一点自嘲精神,这样反倒能避免引来某些人的无聊嘲笑,同时自己也活得轻松自在。

演员黄渤,外形条件在影视圈中算得上是他的短板,可他却从来不在乎别人调侃他的相貌,并且还自我调侃说:"其实我长

着一张抗抑郁的脸,我最帅的一般都是背影。"这才是高情商的表现。

别人的冷嘲热讽,我们无法控制,无休止的争辩也改变不了对方的价值观,徒然苦恼自己。不如自嘲,以幽默的方式化解他人有心无心的逆耳话语,反而赢得主动,活出精彩。罗曼·罗兰在《米开朗基罗》中说过:"世上只有一种真正的英雄主义,那就是认清生活的真相后依然热爱生活。"

自嘲,是生活里真正的英雄主义。当你懂得自嘲,你就开始原谅自己的不完美;当你能够原谅自己,也就可以宽恕他人。

PART 2

面对亲人，不要满嘴都是爱却面目狰狞

亲人间要好好相处，因为亲人是一辈子都断不了的关系。面对亲人，无法保持良好沟通，是伴随一生的痛苦所在。切记，千万不要把最差的一面留给至亲的人。

头低一低,情商长一长

有句话说,吵架中最先低头的那个人肯定是最在乎对方的,更懂得珍惜的,也是最聪明的人。当争吵变得伤人伤己时,低头将情绪收一下,再抬头时会发现弥漫在彼此之间的烟火味消散了很多。毫不夸张地说,头低一低,情商就能长一长。

据说曾有人问苏格拉底:"听说你是天底下最有学问的人,那我想请教一个问题:请你告诉我,天与地之间的高度到底是多少?"

"三尺。"苏格拉底微笑着答道。

"胡说,我们每个人都有四五尺高,天与地的高度只有三

尺,那人还不把天给戳出许多窟窿?"

听了这个人的反驳,苏格拉底微笑着说:"所以,凡是高度超过三尺的人,要能够长久地立足于天地之间,就要懂得低头呀!"

苏格拉底可谓深谙人生的真谛——懂得低头。

富兰克林早年有一次到一位前辈导师家拜访,当他准备从小门进入时,因为小门的门框过于低矮,他的头被狠狠地撞了一下。出来迎接的前辈微笑着对富兰克林说:"很痛是吧?可是,这应该是你今天拜访我的最大收获。你要记住:要想平安无事地活在这人世间,你就必须时时记得低头。"

从此,富兰克林铭记导师的教诲,把"记得低头"作为为人处世的座右铭。

我们都是凡人,与苏格拉底和富兰克林不能相提并论,更应该时时处处学会低头,懂得低头,敢于低头。生命的重荷负载过多,就低一低头,卸去那份多余的沉重。面对自己的错误和不足,也要学会"低头"。只有学会低头,才能正视自己的错误。

与人相处,也要学会低头。这低头不是退让而是承让,是对交往对象的一种尊重，也是一种低头后厚积薄发的发力。你待我是真诚的，我低头是表示对你的感谢和在乎；你若待我是充满敌意的，我低头是为了承让过后的回击。

战国时赵国的上卿蔺相如，就是因为学会了"低头"，才会对老将廉颇的傲慢与轻视一再礼让甚至谦避。而老将廉颇，也是学会了"低头"，才敢于正视自己的错误，去向蔺相如负荆请罪，从而成就了一段将相和的佳话。

这些案例告诉我们一个处世做人的道理：眼睛朝上，一味地刚强，一味地硬撑，目空一切而从不懂得"低头"看路，不懂得弯腰的人，总会撞上挫折的"门框"。

民间有句非常贴切的谚语："低头的是稻穗，昂头的是稗子。"越成熟、越饱满的稻穗，头垂得越低；相反，那些无用的稗子，才会显摆招摇，把头抬得老高，越发彰显出自己的华而不实。

恰到好处，是与亲人相处的智慧，离太远显得生疏伤感情，离太近又失去了自己的个性，只有这盈盈一笑的低头是最好的距离。你指责我，我的低头是虔诚的反省，如此才能化干戈为玉帛；你赞扬我，我的低头是谦卑的接受，不骄傲也不卑微；你对我抱怨，我的低头则是真诚的聆听，不赞成不反驳，只是顺着你

的状态,让你发泄完所有的不满。

有时候我们会觉得,与亲人相处不如与对脾气的朋友相处自在。是的,可朋友再亲,也代替不了亲人血浓于水的缘分。与亲人的缘分,注定了我们一生有很多事离不开亲人。因此,与亲人相处,不能任性,不要只图自己痛快。要知道,大家好才是真的好,如果我们只图自己好,慢慢地就会觉得谁都不好。

家庭和睦最重要的因素就是沟通交流,一个家庭如果缺少了交流,彼此都不知道各自想要的是什么,那么随着时间的流逝,大家的距离就会越来越远,隔阂就会越来越大。

"是,你说得很对。""是,谢谢你的关心,我会努力的。""可以的,你说了算。"如此简单的应答,再加上一个低头的态度,这是一种尊重。朋友、同事需要尊重,同样,亲人之间也需要尊重。相互尊重、互谅互让,亲情才会更浓厚。

及时闭嘴才能不把沟通变发泄

有一年冬天,我半夜出差回来,在楼下遇到一个光腿穿着睡裙、冻得瑟瑟发抖的女人,出于好心我将手中的热咖啡递给了她,问她发生了什么情况。听她说完,我明白了。

事情的缘由很简单,就是她丈夫洗完澡后觉得有点冷,让她帮忙开一下空调,她随口说:"开空调费电,浪费钱。"

"浪费的钱反正也是我赚的。"丈夫没好气地回了一句。

"就算是你赚的钱,也不能浪费。再说了,你赚的钱有一半是我的。"

"凭什么是你的?你又没有上班赚钱!"

"我每天在家做家务带孩子是为了什么?"她觉得委屈,开

始细数在家做家务的种种。她说一句,丈夫回一句,就这样,你来一句,我去一句,谁都不肯先闭嘴叫停。最后她愤怒的情绪达到了顶点,觉得必须马上离开这个男人、离开这个家,于是摔门而出。出了家门她才发现只穿了一条睡裙,便一直咬牙在这里死扛着。

"其实一开始,你将空调打开不就好了吗?或者,你们两个随便谁少说一句都行,那么就不用吵这一大架,你也不用在这儿受冻。"我摇摇头无奈地说道。

适当的闭嘴才能避免沟通变成一场情绪发泄。该你说话的时候一句都不能少,不该说的时候,一句都不能多。尤其是亲人之间的沟通,要以情为先,这情是感情而不是情绪。在亲密关系中,如果看不懂对方的情绪时,最好的方法就是闭嘴。

我最佩服的是小区门口早餐店里的一对母女,她们数十年如一日地卖早餐,店里和谐的氛围也数十年如一日。小区的很多住户即便吃过了早餐,也愿意去店里坐一坐,感受一下和谐的氛围。如此长久且和谐的母女关系真是很少见,缘由只不过是因为一方懂得在发生沟通不畅时少说一句话,及时闭嘴而已。

那天早上,母亲看到店里有个东西坏了,不知道该怎么修理,因此有了无名的怒火,女儿随口说:"下次这些东西要早点发现，早点修理。"听了女儿的话，母亲没好气地发泄了一通，说做包子的是她，收钱的也是她，现在还要她看东西坏没坏。然后就开始数落女儿能力不行，修不好东西，看不住丈夫，离婚了连累自己，等等。

若我是那个女儿，肯定会不高兴，会回嘴。但早餐店的那个女儿只是默默地修着东西，还顺便吃了一个包子——一大早就修东西她也饿了。

当东西修好后，母亲开心地笑了，夸赞道："我就知道我女儿最能干了！"仿佛刚才把女儿指责得一无是处的人是另外一个人。

我当下就明白了这个早餐店数十年如一日的和谐是怎么来的，就是在小事中不争执。

对方情绪不好的时候就闭嘴，看不懂对方行为的时候就暂时别问，实在不行就避开现场，自己去找乐子，如这个女儿选择吃包子。

好好说话是一种技能，沉默闭嘴是更加高级的本事。有时亲人想要的未必是实质上的帮助，反而更在意我们给予心灵上的安慰和精神上的支持。所以，在对方情绪不稳、口不择言时，我们要适当闭嘴，任其抒发心底不快，甚至可以微笑着给对方一个拥抱，这是我们对亲人能做到的最温暖和强有力的理解和支持。

不要吝啬说出赞美和爱

在很多人看来,每天都与家人相处在一起,关系必然是密切的——难道跟亲人交流还需要甜言蜜语、表扬赞美吗?

所谓相敬如宾,意指两人之间关系和谐,关系和谐即意味着关系长久。所以,不要以为是亲人,就可以经常说重话,就像电视剧《都挺好》中苏明成和苏明玉兄妹,根本就不像是兄妹,好像是仇人,每次见面总得吵个你死我活才肯罢休。他们为着以往的一点事发泄各自的情绪,最终苏明成打了妹妹苏明玉,导致两人关系直接恶化。

当然这两人见面就吵架有历史原因,但兄妹之间长期恶语相向,只会让矛盾越来越激化。

话说回来，亲人之间偶尔发生争吵，也算是某种程度的交流，只要双方顾念亲情，也未尝不是一种变相深入了解彼此想法的沟通方式，但如果双方能够做到时常真诚赞美对方，这样的互动才更有助于彼此感受到爱的存在。

爱既是一种感受，也是一种表达，语言是表达爱的最直接、最简单的方式。

爱不说出来，时间长了，只会让彼此疏远，甚至猜疑。只有真诚赞美，爱才能连接彼此。

剧中苏明玉跟苏明成关系缓和，也是因为那句"苏家的人"让苏明玉感受到了来自家人的温暖。

所以说，你的赞美，对朋友可以传递友情，对亲人可以传递亲情，对爱人可以传递柔情。赞美之言要常说，千万不要吝啬。

我爸性格内向且木讷，而我则阳光开朗，亲朋好友每次都笑说我根本不像我爸的亲闺女。性格是由天生遗传以及后天生活环境造成的，天生遗传自然不用说，是内向的，那改变我的只能是后天生活环境了。

我细细研究了一下，造成我与我爸性格截然相反的原因就是来自于赞美和爱。

每一次我做成了什么事,我妈都会不遗余力地夸赞我,说我很棒,很优秀。可我妈却很少夸赞我爸。(在我看来,我爸比我厉害多了。)

用我妈的话说,结婚三十多年了,夫妻之间好话、歹话说了个遍,唯独没有赞美过彼此。一来是时代所致,两人不会轻易将赞美和爱挂在嘴边;二来夫妻之间能看到彼此最不好的一面,所以永不会觉得对方有多好。

"难道我爸就没有值得赞美的时候?"我问我妈。

"当然有了,比如上次他帮我修好了项链,手艺是真的巧!"我妈说这话时嘴角是带着笑的。

"那你说给我爸听了吗?"

"没有,但我在心里夸他。"

我哭笑不得。

赞美是人类最美、最动听的语言,发自内心地赞美、欣赏他人,不仅能改变一个人,给别人带来快乐,更能创造生命的奇迹。我希望我妈对我爸也能用到这个智慧的人际相处之道。如此一来,我们家的幸福生活必将更上一层楼。

这只是我的一个心愿,我甚至没有想过它实现得会这么快。

年初,我爸因血压飙升住进了医院,昏迷不醒。医生进行治疗的同时嘱咐我们要多跟我爸说话。

"说什么话？"我妈问。

"当然是好听的话了，夸夸他，告诉他你们都很爱他。"医生简单应答。

我妈谨遵医生的叮嘱，每天说话给我爸听，从一开始的家长里短，到这些年的生活，一直到赞美和爱。最终，我爸在爱和赞美之中苏醒过来了。

如今，赞美成了我家最常用的沟通方式。

通过相互赞美，爸妈的感情升温了，家里的氛围变得轻松愉悦了，邻里关系也和谐了。

赞美是能够变成良性循环的，从你这儿出发，你赞美了别人，可以让对方的情绪由好变坏；如此一来，他看花是香的，看人是美的，势必会将赞美传递给下一个人；下一个人又会传递给下下个人，由此不停将赞美传递下去，生活必然充满阳光、欢乐。

"你真好！""你真棒！"赞美别人就这么简单。虽然我们付出的只有几句话，而得到的回报却是巨大的。

爱不能藏心里，爱要大声表达。

赞美，能激发人的潜能，带给人愉悦和鼓舞，所以，请不要吝啬你的赞美和爱，让良好的沟通由此开始。

越是亲近的人,越要用心对待

常有人说亲人之间的关系是不需要特意维护的。这话说错了,越是亲近的人,越要用心对待。人与人的沟通,70%是情绪,30%是内容。情绪不对,内容就会被扭曲。纵有一肚子的情愫,没有良好的情绪,说得再多也只是发泄,不是温情。尤其是亲近的人,因为特别清楚对方的痛点在哪儿,一旦情绪不受控制,往往更容易对准对方的痛点进行攻击。

越是亲近的人,越要注意绕开雷区——有些玩笑不能开,有些事情不能做。越是亲近的人可能造成的伤害往往越大。任何爱里面如果缺少一份尊重,都是无法继续下去的。爱是尊重,爱是宽容,千万不能以爱的名义,去伤害我们的亲人。

你身边很可能有这样的人：他们对同事如春风一般温暖，对朋友如沙漠一般热情，回到家却一脸冷漠，一肚子挑剔，话语伤人伤到骨头里。

我表哥就是这样的人。作为公司的管理人员，他在公司遇人总是话未开口笑先到，可每次家庭聚会，大家却是能不跟他说话就不跟他说话，因为他的表现跟在公司相比判若两人——每说一句话都直扎人心。

"表妹，恭喜呀！终于嫁出去了。我就说，你体重250，智商不是250，不愁没人要。"

"大姨，你儿子考上大学了？！恭喜哈，不愧是初中就懂得作弊的智商。"

"哎呀，我的舅舅呀！你儿子还没结婚，你就再婚了！果然是儿子干不过老子哈。"

…………

虽然表哥说的都是实情，但这些实情说出来，当事人听了，别提多受伤了。

由此，见识过表哥这种"拿自己不当外人"的"话术"之

后,大家为了避免受伤,纷纷对表哥敬而远之。

渐渐地,家族微信群里没有了表哥的名字,家族聚会没人通知表哥,就连爷爷、奶奶举办大寿,他也是看了微信朋友圈才知道。

表哥的这种尴尬处境,用奶奶的话形容——"说话戳心窝,狗都不理你"。

其实绝大部分时候,我们都是比较功利的,因为知道对外人态度不好,要付出很大代价,会损失很多利益。所以,哪怕再不满,也会对外人强装笑脸,带着面具应对世界。而面对家人时,可以卸下盔甲和面具,因为家人爱我们,不会离开我们。

表哥对外人友好、对亲人刻薄的原因也在于此。面对亲人时,他将在工作中积压的情绪倾泄而出,由着自己的性子逞口舌之利,最终只能自食苦果,和亲人切断了所有的沟通。

这是情商低的人才会做的事,说明没有足够的能力来转化、疏导和管理自己的情绪。

爱让我们亲近,却不是亲密关系唯一的润滑剂,用心对待,用情沟通,才能成就健康的亲密关系。

很多复杂的问题都有简单的解决方式。亲人之间的彼此伤害往往可以归结为一个原因：意难平。只要气顺了，意平了，就什么都好了。所以说，我们要用心对待家人，互相体贴关心，彼此宽容体谅，那么，生活一定充满欢声笑语。

轻重不分和耿直是两回事

生活中你总能见到这样的人，他们揪着你的不足之处大说特说，当着众人的面不顾你的难堪直言你的缺点后，还会无辜地补充一句："我这人就是比较耿直，喜欢实话实说，不喜欢假惺惺的。"到头来，你被指责了，你若是生气，就显得你小气；你若是跟他计较，就显得你不喜欢听实话。

面对这样的人，我觉得很有必要告诉他们一个道理："刻薄和幽默是两回事，口无遮拦和坦率是两回事，没有教养和随性是两回事，轻重不分和耿直是两回事。"千万要把握好尺度，别弄错了，不然到时候弄得众叛亲离，孤家寡人一个，还非得告诉别人"做人实诚是有错的"。拜托这跟做人实诚一点关系没有，有关系的是自己不懂得如何说话，不懂得如何控制情绪，任由情绪泛滥，任由嘴巴肆意伤人。

世上的事都在一个"度"字，我们常说"过犹不及"，事物的这种特性要求我们做事要掌握分寸。耿直的人直的是实际指出某件事，比如在公共场合，有人大声说话，耿直的人可以找个恰当的时机，直言对方说话声音过大，影响别人。

但轻重不分的表现则是，发现某人大声说话，就当着所有人的面，直接抛出一句："这是你家吗？说话声音这么大！你是聋，还是没教养？！"

这么一来，难保不会招致对方回击。

如此，不仅没有解决问题，更使得问题越发严重。

和外人如此对话，事情过去了也就过去了，但和亲人如果也这样对话，那么伤害却是刻骨铭心的。

同事小王跟他爸爸关系处得很好，平常两人都是有什么说什么。有一次小王上班来公司后发现一份重要的合同落在了家中，就打电话让王爸爸帮忙送过来。

因为小王在电话里头催得急，王爸爸顶着大太阳火急火燎骑着电动车赶到公司。敲门进了小王的办公室，看到吹着空调、喝

着冷饮的小王,王爸爸愤怒的情绪到达顶点。

"你这丢三落四的毛病什么时候能改呀?!"王爸爸将合同摔在小王面前。

"今天出门着急……忘记了。谢谢爸。"小王笑着说。

"着急?你还好意思说?你都丢多少东西了?你自己算算,钥匙、身份证都丢几次了?哪次不是我给你擦屁股!你要么是没有脑子,要么脑子只有松仁那么大!"

面对办公室同事惊异的目光,小王羞愧难当,一冲动,拿起水杯就往头上砸!顿时头破血流!

王爸爸捶胸顿足,懊悔不迭。

这样的例子在日常生活中屡见不鲜。这类说"过"了、说"绝"了的话,虽然大都属于气话,但是却很伤听话者的心。

有时候,人与人之间难免会因某种原因产生摩擦,如果把话说得过重,必然使得矛盾更加激化。只有压制住情绪,才是稳住事态、平息摩擦的正当做法。

日本作家藤本义一先生,至今都为自己一次说话过重后悔不已。

一次，他女儿过了晚上时限10点钟，于12点才带醉回家。开门的藤本夫人自是破口训斥了女儿一顿，然后让她去跟父亲道歉。

女儿去见父亲，结果道歉的话还没出口，就被后者一句"你这混蛋！"训斥得僵在原地。

藤本义一冲女儿吼了这一句之后，再无下文，视女儿为空气。

女儿在黑暗中泪流不已。

自这之后，虽然晚归的事情再没出现过，但女儿跟藤本义一之间出现了难以消除的隔阂。

所以说，在遇到愤怒的事情时，要"逼迫"自己压制情绪，切勿失去理智、口不择言。尤其是在跟亲人产生意见分歧时，切莫轻重不分、出语伤人，导致沟通变成伤害，交流变成恐惧。

说出你"都知道"时,你最无知

知道你跟家人说过最多的三个字是什么吗?很奇怪,不是"我爱你",而是"我知道"。你犯了错,父母指责你时,你总会说"我知道,我都知道";当亲人跟你说该好好读书不然工作不好找时,你一边打着游戏一边说"我知道,烦不烦呀";当亲人跟你提起找对象的事,你还是会说"我知道,找就找"。是的,你什么都知道,却什么都不去做,一次次让亲人为你操心。其实当你说出"我知道"时,也就是你最无知的时候。

你不知道亲人一次次追问和指责的背后是关心,你不知道你不耐烦的情绪会让亲人感觉很受伤,你不知道亲人为你操心是一辈子都不会停止的。你不要有不满的情绪,不要有敷衍的态度,不要彰显你的无知。不管你正在做什么，在面对亲人的担忧时，都应该放下手中的事，和亲人来一次认真的沟通，告诉他们你的近况、你的想法以及你的计划。他们不一定是想知道你有多好，但他们一定想知道，你最近过得怎么样，开不开心，好不好。

遇到事，不要用吵架来解决，用敷衍来对待，有什么问题好好商量。要知道，沟通在于情绪，而解决问题在于态度。态度好，事情可解决；态度差，问题会加重。

有一个故事让我很受触动，故事的名字叫《一碗馄饨》。

一个小女孩总是跟妈妈吵架，那天，她又跟妈妈吵架了，一气之下，她转身向外跑去。

她跑了很长时间，看到前面有个面摊卖香喷喷、热腾腾的馄饨。她感到肚子饿了，可是，翻遍了身上的口袋，一个硬币也没有。

面摊的主人是一个和蔼的老婆婆，看到窘迫的小女孩，就问："孩子，你是不是饿了？"

女孩急切地点头，支吾着说："我……我出门急，忘记带钱了。"

"没事，我请你吃。"很快，老婆婆为小女孩端来一碗馄饨

和一碟小菜。

小女孩满怀感激,吃着吃着眼泪就掉了下来。

"你怎么了?"老婆婆关切地问。

"我没事,我只是很感激。"小女孩忙着擦眼泪,对老奶奶说道,"我们不认识,你还对我这么好,煮馄饨给我吃。可是我妈妈,我跟她吵架,她竟然把我赶出来,还叫我不要再回去。"

老婆婆听了,摸了摸小女孩的头,笑着说:"孩子,咱们换个角度想好不好?你想想看,我只不过煮一碗馄饨给你吃,你就这么感激我,那你的妈妈煮了十多年的饭给你吃,你怎么不感激她呢?你怎么还跟她吵架?"

听了老婆婆的话,小女孩愣住了。妈妈为她做饭的场景一一在眼前闪过:夏天在厨房挥汗如雨只为做她喜欢吃的小龙虾,冬天大清早起床生火煮饭,只为了让她吃得暖暖的出门。

小女孩放下馄饨,往家跑去。

的确,就像老婆婆说的那样,日常生活中,我们往往对别人给予我们的小惠感激不尽,却对亲人给予我们的长期付出视若无睹。我们接受了亲人给予我们的付出,不仅心安理得,毫无表示感谢的想法,还特别擅长在亲人身上"发掘"令自己看不惯的行止,进而吹毛求疵、小题大做,吵闹个没完。

以前我跟妈妈吵完架后,就会去外婆家,外婆总会念叨:"跟亲人吵架最划算,也最不划算……"

那时我还不懂这其中的内涵,只顾着自己的情绪,该吵还是吵,但次数多了渐渐就明白了,说最划算是因为再怎么吵还是亲人。另外,从某种程度上说,有亲人跟你吵也是一种幸福——起码说明还有人关心你、爱着你。

跟亲人吵架也是最不划算的,因为吵来吵去,亲人还是亲人,彼此虽释放了情绪,但也消磨了感情,浪费了精力。

总而言之,好生活并不是一个人创造的,需要亲人参与。对亲人说"谢谢你",不仅是感恩的表示,同时也是对亲人给予自己付出的一种认可。跟亲人相处时,忌说"我知道",多说"谢谢你",你就很快会发现亲人更可爱了,而你,更快活了。

别让非语言表达毁了你的爱

演说家赖佩霞在电视节目《超级演说家》里演讲的《幸福为什么那么难》中提到了一个让很多父母不得不反思的问题。很多父母亲都说过这样一句话:"我骂你是因为我爱你。"这个孩子,看着自己的妈妈满口说爱,但是却面目狰狞。所以,孩子接受了这样的信息,原来爱都是需要面目狰狞去表达的。

"你满口说爱却面目狰狞",这句话很有画面感,也很有冲击力。所以孩子长大后,对着妈妈吼道:"我叫你多穿点衣服,你怎么不听呢?!"

我们把脾气都用在了家人身上,还口口声声说"我爱你啊!""我是为你好啊!"

可是爱不是温暖的、舒服的吗？你让我听着那么恶狠狠的语言，眼睛里只有你面目狰狞的样子，附以急促的、越来越大的声音，还一次次告诉我这就是爱。知不知道？恰恰就是你将爱毁得面目全非！

《沟通圣经》上说，你在沟通的时候，你的外貌打扮、情绪、动作、语气以及表情，一直在与人沟通，虽然你一直在用积极的语言与他人沟通，但是你消极的非语言已经暴露无遗了。比起你美妙的话语，与你沟通的人更愿意相信你的非语言表达才是你真实的想法。

还记得《虎妈猫爸》里那个性格倔强的女强人毕胜男吗？她始终打着为孩子好的旗号，逼迫孩子这个必须干，或者那个不能干。而且每一次批评孩子，言辞激烈、形象狰狞，到最后，孩子不仅没有好，反而患上了抑郁症。

最开始我也以为父母指责孩子真的是爱之深责之切，后来我小侄子和我的一次谈话，让我发现了爱的多种表达，也让我知道了，什么样的爱才行之有效，才会真正流淌传递到孩子心中。

因为调皮、学习成绩不好，被叫家长是很正常的事。小侄子说，那次他们班七八个人因为打架被叫来了家长。家长到了老师办公室后，有两三个家长还没等老师开始说话，就对各自的孩

子一顿暴揍加上各种辱骂。而他们的孩子,就是此次事端的挑起者。

有几家父母则忙着催老师赶紧解决问题,说自己很忙;有几家父母则认真听孩子讲述究竟发生了什么事情。同一件事,三种处理方式,起到的效果自然不一样。催促老师解决问题的家长的孩子首先道了歉,但高昂着头,态度不诚恳。被暴揍的孩子是第二批道歉的,但他们已经不是第一次挑起事端然后道歉了。至于听孩子讲述事情经过的,自然是到了最后,该道歉的道歉,该批评的批评,该表扬的表扬。

我们不能否认这三种类型父母都是爱自己的孩子的,但正如小侄子所说,那些先听孩子把事情过程说清楚,然后指出孩子哪些地方做得不对,事后给予适当惩罚的家长,并不是不爱各自的孩子,而是他们对孩子的爱建立在理性和尊重的基础上。这才是爱的正确表达方式。

我将小侄子的话转告给了哥嫂,希望他们平时多倾听一下小侄子的想法,这样以后小侄子回馈给他们的也会是耐心倾听。

过度指责孩子会伤害孩子的自尊心,过度溺爱孩子会让孩子太自恋受不得挫折。父母对孩子的关心和爱护如果采取了错误的方式,也可能会使孩子有样学样,最终"反馈"回来。

我们小区有个大哥，父母住院时他虽然每天也都在医院陪着，但不是用手机打牌就是在睡觉。父母需要他帮忙的时候他总是大声斥责："这都不会做吗？真是白活了这么多年！"

同病房的人批评他这样做不对，他振振有词："以前他们就是这样对我的！每次宁可打牌都不愿意陪我出去玩；我有作业不会做要他们教我时，他们不是骂我笨，就是说我没长脑子……"

大哥的父母听了这些话除了老泪纵横，就只剩后悔不已了。

所以说，为了避免伤害到我们爱的和爱我们的人，我们必须学会控制情绪，不要潜意识给自己找借口——"在亲朋好友面前不必装，不然太累"。

要建立起和亲人之间的良好沟通，不仅要巧用语言沟通，更要善用非语言沟通。如此，我们的生活才会越来越和谐，幸福指数才会越来越高。

没有话说,可以说"废话"

短片《我们一生会遇见多少人》告诉我们,人这一生会遇见8263563人,其中会打招呼的有39778人,会变得熟悉的有3619人,会彼此亲近的只有275人。我们忙着在网络中与人互动、沟通、求助、关怀、发泄,却慢慢看着那275人离开,最后品味那句——"当你孤单时,你会想起谁?"

如果不想这样,不如抽时间多陪陪身边的亲人。有人会问了,跟亲人之间没话说怎么办?当你看过刘震云的《一句顶一万句》之后,你会发现这不是少数人的问题,而是所有亲人之间都会面临的事情。

亲人不是男女朋友,不合适了还可以换,亲人是打断了骨头还连着筋的存在，那么此时我只能告诉你，没有话说，可以说废话呀。工作时遇到的奇葩事情，看到的好玩的段子，甚至脑子里匪夷所思的想法……都可以说给亲人听。

刚从外地回到家时，我每天都跟妈妈有聊不完的话题，家长里短、这些年我的成长见闻、他们二老在家的业余生活，等等。那时，每每听到有朋友说跟父母之间无话可说，我都会觉得不可思议。生活中有那么多可以说的话题，怎么会走到无话可说的地步呢？

这种不可思议不久就出现在了我身上。

跟妈妈聊的时间长了，能说的话题都说完了，加上长期分开再次相聚的热情消散后，彼此就走到了没话可说的地步。为了避免尴尬，我干脆又开启了以前那种一个人看剧、看书的模式。一开始妈妈还会陪在我身边问我看的什么，她问得多了，我就有点烦了，希望她能让我一个人安静地待会儿。

有一天我去客厅倒水，经过父母的房间听到了妈妈跟爸爸的对话。

"姑娘回来了，我本打算好好陪陪她，把舞蹈队的事都推掉了，可她好像不大需要我了。"妈妈的声音里满是落寞。

"你怎么知道她不需要你？我看她每天妈长妈短叫得挺

欢。"爸爸反问道。

"我们之间都没话可说了,该聊的都聊过了。"妈妈叹气。

"没话说,那就说废话,两个人待在一起才重要,聊什么不重要。你看我跟你,都说了这么多年废话了。"

听了爸爸的话,我心里突然很难受。回家,就是为了多陪陪爸妈,不想只是一瞬间看到父母变老,而是陪着他们变老。我曾对父母说:"你们的前半生我无法参与,但你们的后半生我不能缺席。"可是现在,我却被无话可说难住了。

爸爸的话给了我提醒。从那以后每天晚饭后,风雨无阻,我都会拉着妈妈去散步,美其名曰让她陪我散步减肥。在散步的过程中,我会将朋友圈的内容说给妈妈听,妈妈很想了解我朋友的生活,所以也很感兴趣。有时候,妈妈还会对这些事进行分析。久而久之,这个习惯对我们整个家感情有非常大的促进。我们不用再刻意找话题,就有说不完的话。哪怕因为累,我不想说话,也不会再觉得尴尬了。因为没有话说了,陪伴就是最好的沟通方式。

还记得黄磊说过他和太太的平常一天。他说自己坐在书房看剧本,抬头时看到太太也安静地在做自己的事情,觉得这就是自己想要的生活,"有你陪着,就是最好的"。

说废话这个习惯对我情绪的调整也有很大的帮助。为了每天跟妈妈晚饭后的这开心一聊，不管白天遇到什么烦心事，情绪有多糟糕，在到家前我都会控制好自己的情绪，不让妈妈担心。可妈妈毕竟是妈妈，她总能觉察出我情绪的异常，然后适当地给以安慰。如此，我的情绪就会得到很好的改善，所以同事总说："你怎么每天都这么开心？"情绪得到了纾解，肯定开心呀。

杨绛在《隐身衣》一文里说过，她和钱钟书"有时说废话玩儿"：

"给你一件仙家法宝，想要什么？"

我们都要隐身衣；各披一件，同出遨游。我们只求摆脱羁束，到处阅历，并不想为非作歹。可是玩得高兴，不免放肆淘气，于是惊动了人，隐身不住，得赶紧逃跑。

"阿呀！还得有缩地法！"

"还要护身法！"

…………

很难相信这是钱钟书跟杨绛做的事，但他们却乐此不疲。

愿意陪你说废话,说明你们彼此有沟通的欲望。要知道,亲密关系里最可怕的,不是背叛,而是冷暴力、不沟通、没话说。

人在本质上都是孤独的。沟通和分享,是我们基因里的天然需求。面对陪你说废话的亲人,除了多说一点儿,不需要做别的。

老辈之言可听可说,可信一半

俗话说:"不听老人言,吃亏在眼前。""老人言"大多是对以往生活经验的总结和归纳。可有人说今天的生活变化较之10年前已是"翻天覆地",所以,那句俗话应该换成"不听老人言,开心好几年"。

这话未免有点极端了,毕竟,看人、看事的经验之谈,老人言还是值得参考的。

跟老辈人的沟通,代沟的出现是必然的,确实会让交流的过程变得不那么顺利,甚至矛盾连连。

当彼此出现观念不同,讲道理作用不大,那么能退一步就退一步吧,毕竟老人家的出发点是为了我们好,而且对老人让一句

话，顺了对方的气，也是一种孝顺，孝顺孝顺，顺更重要。

都说老人是老小孩，既然是"小孩"，在处理无关紧要的问题时，我们就要把老人当小孩看待，像呵护小孩一样呵护老人。一定不要跟老人论英雄、争高低，在外边讲究"好男不跟女斗"，在家中，就要讲究晚辈不跟长辈斗。

当然顺从老人也不是毫无原则的，小事儿可以顺着来，但若是遇到重大的事情一味顺从可是要出问题的。

网上有一条新闻说，山东某产妇坐月子，被家人要求穿长衣长裤，而且为了预防"月子病"，不准吹风，不准开风扇和空调，还要盖厚被子，结果最后导致产妇中暑身亡。

这条新闻让人痛心。

同事杨大姐怀孕期间也遇到过类似的情况，她采取了搁置争议、避免"内乱"的应对方式。

杨大姐说从怀孕起婆婆就对她的生活指手画脚，也是用所谓的老人言以及经验之谈进行劝说，一开口就是"我都生过四五个孩子了，每一个都健健康康的，听我的肯定没错"。起初，杨大姐也忍不住会跟婆婆发生意见争执，但争执过后，除了让婆婆伤心落泪、自己满肚子怒火发泄不出来之外，就是造成丈夫夹在中间两头为难了。杨大姐说自己好几次想离家出走，甚至冒出干脆跟婆婆打一架的念头，谁打赢了就听谁的。但每每喝着婆婆熬了几个小时的鸡汤，她就觉得争吵是最愚蠢的解决问题的方式。

所以，后来当她跟婆婆发生意见不统一的时候，就采取了搁置争议的办法。

杨大姐说她看过一句话，说妥协是为了更好地前进。杨大姐认为妥协的结果未必实现了更好的前进，但是能前进倒确实是真的，至于性质是更好还是更坏，就得分事了。搁置争议，不让"内乱"来干扰本就被激化的矛盾，让一些事情得以继续，不管结果是好是坏，都比由着情绪争吵得昏天黑地要好。若是很好的结果自然皆大欢喜，若是面对无奈的结局时，笑着流泪也不失为一种豁达的生活态度。搁置争议起码还会有皆大欢喜的结果出现，争吵则只会导致两败俱伤。

对于老人发言，最重要的一点是，要虚心去听，不要与之进行争吵辩论，亲情比道理更重要，一定要习惯和包容亲情的特殊表达方式。

PART 3

做和谐爱人，要先处理心情后处理事情

　　爱是一种能力，一种感知能力，感知到对方为自己所做的一切，感知到自己因为对方的行为而产生的情绪变化。所以，爱人之间的沟通和相处总是情绪先行，因为爱本身就是一种本能的情绪。

千万别把送分题做成了"送命题"

毫不夸张地说,几乎每个男人都被女朋友问过:"如果我和你妈同时掉水里,你会选择先救谁?"这种答对了送分,答错了"送命"的问题。

其实女朋友能问出这一让你挣扎的问题,说明她对你是在乎的。当然她在乎的不仅仅是答案,而是你的态度——你在思考这一问题时是否把她放在最重要的位置。因为凡是问出"送命题"的人其出发点一定是因为爱,她想获得的也是爱,只要了解了这个基本诉求后,那么只须本着爱去回答这一问题,就不会将送分题做成"送命题"。

女朋友问出这一问题后,即便你不知道怎么回答,也要认真

地去思考,给予对方正面且肯定的回答。不要因为不知如何作答或者害怕惹对方生气,就选择沉默应对或表示不耐烦。

不要让爱人只是用猜想知道你的关爱,而要让对方时时感受到你的心意,要用嘴巴告诉对方你对她(他)的爱。

小美人鱼和王子的故事我们从小就听过,小美人鱼爱上了王子,为了能和王子在一起,不惜和魔女交换,用自己美妙的声音换取可站立的双腿。小美人鱼来到了王子身边,但最终却因为王子和别人结婚了,小美人鱼变成了泡泡,永远地离开了王子和这个世界。

有人说悲惨的结局是因为人、鱼不能相恋,也有人说是因为王子的薄情,其实造成这场悲剧的源头是小美人鱼和王子没法进行正常的沟通,小美人鱼不能说话,而王子又不懂她吐出的泡泡表示的是"我爱你"。

如果小美人鱼能说话,她只要告诉王子"救你的那个人是我,我爱你",然后告诉王子她为了跟他在一起所付出的一切,那么所有的问题都会迎刃而解,王子不会因为认错救自己的人,而和别人结婚,小美人鱼也不会消失,而是和王子从此过上幸福快乐的生活。

爱情是一种修行。或许上辈子,我欠了你,而你欠了他,为了回报，我爱上了你，而你爱上了他，最终，这样的一种循环，在我们之间衍生。谁的修行深，谁就能修成正果。是你的坚持，还是我的隐忍？都不是，是你我站在同样的水平线上，彼此说出心中的爱意。趁着还可以表达的时候，千万不要因为胆怯、因为害羞、因为负气等情绪而让爱在心间口难开，眼睁睁看着爱人离去。就如小美人鱼一样，到死王子都不知道，被人这样爱过。

我所住的小区有一对已到耄耋之年的夫妻，两人均是白发苍苍，每天傍晚他们都会手牵着手在小区散步，已经成了小区最靓丽的一道风景线。

那天傍晚，我在电梯里遇到了两位老人。两人还是一如既往地牵手聊天。我进电梯时老奶奶说了一句："家里还有没有盐，要不要买一点？"

"当然了，我当然爱你！"老爷爷凑到老奶奶耳边大声说道。听了老爷爷的回答，老奶奶飞速地瞥了我一眼，然后害羞地拍打了一下老爷爷，说："有人呢，说这么大声干什么？""我说我爱你，你听到了吧！"老爷爷不管不顾，继续大声说着。我猜想，老爷爷第一反应说出的"我爱你"，一定是日常表达习惯。面对老奶奶问出的问题，第一时间表达爱，所以到了如今，哪怕年岁已高，听力减弱到一两分时，老爷爷还是习惯第一时间

就说"我爱你",不管不顾。

我想,第一时间说"我爱你",这是老爷爷跟老奶奶能将爱情保鲜这么多年的秘诀吧。当我们知道爱人最终只是需要我们的一句爱时,那就直接说出来,不要带一丝犹豫。像老爷爷一样,让表达爱成为一种习惯,表达爱最直接有效的方式就是说出来,不要低估这一句简单的话,它能将所有爱的信息全部透彻地传递到对方心底。

当然,最好的感情是对方问,你答。但更多的时候是我们总处理不好和爱人的关系,男人似乎永远都不知道女人在想什么,为什么生气,女人似乎也永远不懂男人为什么爱游戏比自己多一些。其实不是你不懂对方,而是你太在乎自己的情绪。你在没有感受到对方时刻的关注和爱时,会沉浸在自己的小情绪里,认为凭什么我要让你知道我爱你。

女朋友生气时你感受到的只有她的无理取闹而没有爱,所以本可以通过表达爱来缓解这场纠纷,你非要僵持着自己的情绪,不愿意去表达爱。你不表达对方就不知道,对方不知道就更加不愿意迁就你了,这就是恶性循环,最终都忘了彼此是因为爱才在一起的。

爱情的表达不一定昂贵,不一定耗时,在一起生活久了,爱情的表达或许就变成一些鸡毛蒜皮的生活习惯。比如，为爱人沏一杯热茶，给爱人掖好被角，跟爱人开一个玩笑。

  当然，茶可能太烫，被角可能没有掖的必要，玩笑可能稍显尴尬。但千万不要拒绝，因为你拒绝的，已经不是一个动作，而是爱情。要知道，一碗热汤的关怀绝不比玫瑰所表达的爱分量轻。

能说"真漂亮"的时候别说"挺好的"

总有人感慨,这年头谈个恋爱不容易,男女朋友都不包分配了,要自己去找;自己去找还困难重重,皮囊要好看,灵魂还得有趣,最后还得有房有车拉着心爱的人走进婚姻的殿堂。所以凭自己实力找的男女朋友,情商高能好好沟通是非常重要的要求之一。

同事老张跟小雅谈恋爱时,我们都大吃一惊,始终不明白,一个秃头大肚的中年油腻男是如何追到肤白貌美净身高一米七的小雅的。大家觉得要么是老张家有矿,要么就是小雅脑子进水了,多数人认为两人不出一个月就会分手。

可现实是,两人恩恩爱爱半年有余,张罗结婚了。结婚前夕的单身聚会,大家问小雅想清楚没有。小雅仰头喝下一大杯啤酒，站起来豪气地说："我知道，你们背地里认为我是瞎了眼才找了老张。那是因为你们不知道老张的情商有多高。他夸我从来都是用'真漂亮''非常好看'，而不是'挺好的''还行'。生活已经这么辛苦了，跟这样的人生活在一起，才会甜一点。"说完这一大堆话，小雅趴在桌上睡着了，带着笑。

听了小雅的回答，众人都沉默了，终于打心底里认可了这段恋爱。

老张每一次对小雅不遗余力地夸赞，给了小雅信心，她相信能这样夸自己的老张肯定很爱自己，也确信夸人都这么有技巧的老张肯定拥有超高的情商，那么生活中的种种他一定能处理好。

小雅是聪明的，她知道好看的皮囊是短暂的，有趣的灵魂才是长久的。

"你们两人一定会非常非常幸福的。"我祝福小雅。（我觉得用力夸人的感觉真的很不错。）

总有些人，到哪里都吃得开，哪怕只是去餐厅吃个饭，老板都会给他多送一杯饮料；去谈事情，总是三下两下就能把难缠的客户搞定。但另有些人，赞了别人300条朋友圈动态，却还是融不进人家的"朋友圈"。其实，前者只是掌握了夸奖他人的技能。这项技能的掌握不需要太长时间，却可以给你的生活带来巨大帮

助,大到商业合作,小到吃饭聊天,都可以带你飞得更高,尤其是恋人之间,朝夕相处没法让我们永葆最好的一面,但我们又很希望在恋人眼中是美的、是好的,这时来自恋人的夸奖、赞美就很受用了。有时一句恰当的赞美可以胜过一支口红,因为口红美的是嘴唇,但恋人的夸赞愉悦的是整个身心。

爱美之心人皆有之,是本能也是欲望,不管男人还是女人,赞美都是攻其心房最好的"武器"。从心理学的角度来看,获得夸奖甚至是人类生命中最本质的需求。就像约翰·杜威说的:"人类最深刻的冲动是做一位重要的人物,因为重要的人物时常能够得到别人的夸奖。"

人们的自信只有20%是通过自己产生的,80%是外界给予的。比如,你本来觉得自己长相普通,可是别人一直夸你长得漂亮。你听了1000遍之后,就不再怀疑了。反过来,这种心态会刺激你越来越爱漂亮,于是你就真的漂亮了。

总而言之,每个人都渴望真诚的赞美,这种渴望不断地啃噬着人的心灵,少数懂得满足人类这种欲望的人便可以将他人"掌握"手中。欣赏别人,会给别人带来无穷的力量,表达对他人的欣赏和赞美,是情商高的表现,也是良好沟通的开始。

哪怕斗嘴，也别忘了亲嘴

左左和她丈夫经常吵架，可是令人奇怪的是他们越吵感情越好。我们就问左左到底有什么秘诀，为什么别人家吵架吵得散了伙，而他们夫妻的感情却蒸蒸日上。

左左想了想，说："可能是因为……我丈夫擅长用舌头吧。"说完羞涩地笑了一下。

原来每次左左跟丈夫吵完架以后，他丈夫都会离家出走，可等他再回来时，手上就多了很多好吃的，鸭脖、榴莲酥、章鱼小丸子、虎皮鸡爪，等等，一大袋子。

每每见到这些东西，刚才还发誓再也不理丈夫的左左都会败下阵来："唉，每次你都让它们来求情，我能怎么办呢？只好先

下嘴为强了。"

左左总是一边吃还一边不忘提醒丈夫:"下次吵架,走点心哈。糖炒栗子也是我的最爱,尤其是最东街的糖炒栗子。"

丈夫则会摇头坚决表示:"不吵了,再也不吵了。"

左左追问:"为什么呀?"

丈夫则会一脸苦瓜相:"零花钱已阵亡,吵不起了。"说完还会吻上左左,美其名曰帮左左擦干净嘴巴上的油渍。

就这样,一场争吵最后在爱意满满的吻中结束了。

听左左说完,我们明白左左丈夫擅长用舌头是怎么一回事了。左左丈夫的舌头一方面用来说甜死人的情话,另一方面用来亲吻。有了这样的舌头,感情怎么能不好呢?

很多夫妻之间吵架都是因为一些鸡毛蒜皮的小事,但吵架的目的并不是要争输赢,而是夫妻争取各自在婚姻中、在家庭内部中的地位,以及对家庭事务的支配权。

热恋的时候,一顿饭下来,我们全程都在诉说着彼此从小到大的故事,讲着上学的经历,高兴的和不高兴的事情,以及对未来美好的规划。想想那个时候,菜的味道不是用酸甜苦辣来形容,而是用幸福来形容。

时间久了,我们对待爱人就没有这种耐心了。我们谈论的内容更多的是家长里短,而且都是些头疼的问题,如过年去谁家过、谁做饭谁洗碗等问题。这些问题都不大,但非常破坏就餐的心情。而且这些问题以前就讨论过,但没有达成一致意见,甚至还发生过争吵。

每回争吵的过程都大同小异:起初只是小小的争论,后来又掺杂了一些陈年旧事,把彼此父母的缺点和坏习惯也纳入争吵范围,然后上升到对待问题的态度和说话的方式。

吵架其实是矛盾积累到一定程度的爆发,但如果在争论一开始,任何一方能够用成年人的克制来控制自己的情绪,强迫自己停下来,那就不难避免夫妻双方最后出现撕破脸皮的尴尬。而当双方控制不住开吵后,你意识到两人的情绪快到崩盘之前,用一个简单的吻补救吧。

我看过一个很震撼的故事,一对夫妻吵架,一开始互不相让,所以,话说得越来越过分,都挑最容易刺痛对方的那些话说。那天,恰好妻子一个人在家看孩子,孩子由于顽皮,从床上掉了下来,丈夫趁机就指责妻子:"你不上班,在家连孩子都看不好!活着还有什么用!"

听了这句话,妻子的情绪彻底崩溃,抱起5个月大的孩子,从5楼就扔了下去,紧接着自己也跳了下去。

有些话，是永远都不能说出口的，家庭暴力里，最狠的是语言，说出来的时候，以为无意，但是，万箭穿心，会轻易摧毁另一半。

我见过最美好的爱情并不是不吵架的爱情，而是即便吵架也有一套自己的规则：点到为止，话不多说，斗嘴开始，亲嘴结束。

要学做双面胶，不做夹心饼

　　生活中要问双面胶跟夹心饼哪个用处大？这个还真没法一概而论，双面胶能粘东西，夹心饼能饱肚子，各有各的用途跟长处。可是在处理爱人与老妈关系这个问题上，双面胶的用处明显大于夹心饼。试想一下，双面胶能牢牢粘住两面，而夹心饼一旦这边给多了夹心太甜不好吃，那边给少了夹心则没味道也不好吃。

　　婚后男人的必修课就是婆媳问题，当婆媳产生矛盾各自私下跟男人诉说时，男人肯定相当郁闷。此时的男人若是控制不住自己的情绪，定会采取这边指责爱人不懂得体谅老人的辛苦，那边又会埋怨老妈不懂得理解年轻人的生活方式。男人这样两边指责

完之后，不仅解决不了问题，相反还会增加爱人跟老妈的不满情绪。如此一来，婆媳矛盾会愈发严重。

争吵是一种情绪发泄，婆媳也不例外。两人同时爱着一个男人，谁都想多分得一点爱，她们本身对对方没有仇怨，只是想在感情上多分得一点男人的爱，一旦感觉自己被爱得少了，情绪就会不受控制，将矛头指向那个夺走自己爱的人。

身处其中的男人要做的是排解这种情绪，而不是通过打压的方式抑制这种夺爱情绪。情绪有时就像弹簧一样，上一次的拼命挤压，换来的是下一次的绝地反弹，伤人伤己。

当婆媳产生矛盾时，兼具儿子、丈夫身份的男人首先不要由着自己的情绪宣布立场，不要表态母亲和妻子到底谁对。应该先把自己的情绪控制住，不断地告诉自己："一个是我妈，一个是我爱人，两边都好，我才好。"等情绪控制住了，再分析母亲跟媳妇产生矛盾的缘由。这个很关键，如果男人带着情绪去沟通处理母亲跟媳妇的矛盾，那矛盾会被无限放大，因为她们之间的矛盾，有些是言语之间的理解不同或两人的家庭观念不同造成的，这类冲突很难分出个谁对谁错，第三方带着情绪肯定一方而否定另一方，无异于火上浇油。

小李以前遇到媳妇跟老妈发生矛盾时，就是如此处理的。这边说媳妇矫情,那边说老妈思想不进步,搞得自己最后成了"夹心饼",媳妇跟老妈对他都有怨言,越发看不惯彼此,矛盾更深了。

这样折腾了几次后,小李发现不行,再这样下去他在这个家要"窒息而亡"了。

于是,小李决定换一种方式。有一回媳妇跟老妈因为买菜的事儿产生了分歧——老妈看不惯媳妇总买肉,媳妇看不惯老妈总买青菜。小李对媳妇说:"我知道你辛苦了,想吃肉,我给买,想吃多少买多少。不过,你看现在'三高'的人这么多,为了你的身体健康,咱们偶尔吃吃青菜好不好?"

媳妇听了小李这满是关心的话,自然不再坚持认为婆婆老买青菜是成心跟自己唱对台戏了。

小李知道老妈买青菜是出于节俭的老习惯,他就从这点入手,对老妈说:"老妈,现在青菜比肉贵多了,咱们少买点儿青菜,多买点儿便宜的肉咋样?"听了儿子的话,老妈自然而然不会老是买青菜了。

作为媳妇和老妈之间的"传声筒",完全照搬原话肯定是不可取的,会激化矛盾,必须像小李这样进行适当的"艺术加工",才能化解老妈跟媳妇之间的分歧。

有一次坐地铁,听见两位婆婆在抱怨各自的儿媳。

婆婆A说:"我那个儿媳天天收快递,这样败家哪能存下钱哪!"

婆婆B说:"我家的还不是!说不爱吃剩菜,直接倒掉,好像钱是大风刮来的。"

同样的矛盾到了儿媳这边可能是这样的:

"我真的受不了我婆婆!每天买一堆特价菜把冰箱塞得满满当当,一盘剩菜热两顿没吃完,还往冰箱里头放!我们又不是不给她钱买,她倒是天天唠叨菜贵……"

时代不同,家庭背景不同,两代人的观念难免会有差别,作为"双面胶"式的男人在这种情况下,就要分头安慰母亲和媳妇,毕竟这两个人都是爱自己的。

面对媳妇,可以适当打打苦情牌,可以使媳妇减少不必要的开销。

面对老妈,可以讲讲媳妇工作的辛苦,社会大环境的消费习惯,让老人知道媳妇花钱是正常的消费需求,同时也鼓励老人多消费多享受生活。

另外一点,男人需要多用智慧和小幽默的沟通方式,在私下里分头说母亲的优点和媳妇的优点,让母亲充分了解媳妇,让媳妇充分了解母亲。

相敬如宾,才能相看两不厌

网络上做过一个调查,夫妻吵架冷战后,丈夫说哪句话能快速让妻子理自己,答案是:"我的袜子在哪里?"看似不可理解,却也在情理之中。夫妻是被柴米油盐以及吃穿住行牵扯到一起的两个人,时间久了,生活之中必需的小细节早已取代了最初的甜言蜜语。其实这是婚姻最好的状态,彼此需要着对方,也认可着对方的存在。

"好好说话"仿佛成了夫妻之间最难做到的一件事,哪怕丈夫为了找到一双袜子翻箱倒柜,也绝不肯开口问妻子;妻子看着丈夫焦头烂额的模样,也不肯开口提醒一下对方袜子所在的位置。两个人谁都不愿意先开口,仿佛一开口不是认输的窘迫,就

是另一场战火的起点。最后两个相爱的人，被情绪牢牢控制着，谁都不肯成为那个先沟通的人。

当我们抱着对爱人相敬如宾的态度，才会在情绪爆发时稍微忍一忍，将原本要说出口的伤人话语，变成略带礼貌的话语，才能做到不伤人伤己。

老张夫妻俩第三次因为吵架惊动了派出所，派出所调解员给老张夫妻下了一个死命令——一个月以内，两个人要说够100句"谢谢"跟"对不起"，做完这个若还是吵架的话，就同意他们离婚，并由派出所开车亲自送他们到民政局。

老张夫妻俩虽然对调解员的死命令充满了不解，但想到下一次终于不用再接受教育，可以直接离婚结束这难过的生活，就都欣然在调解书上按下了手印。

说到就要做到，接下来的一个月，老张夫妻俩的相处模式渐渐发生了变化。面对妻子指责自己烟灰乱弹，以前的老张会回一句"关你什么事，我一会儿弄干净就可以了"，而现在老张谨记调解员的死命令，开口就是"对不起"。听了丈夫说"对不起"，老张妻子也不好意思继续指责了，主动将烟灰清理干净。看着地板重新恢复洁净，老张脱口而出一句"谢谢"，而不是以前的"这事本来就是你应该做的"。

老张妻子面对每天下班回家就坐在沙发上的老张，第一句由从前的"回家就知道坐着，还不如死在外面"变成了"谢谢你按时回家"。老张听了妻子这样的话，会起身走到厨房帮忙。这么一来，老张妻子由一开始公式化地说"谢谢"，转变成后来发自内心地说"谢谢你，为我们这个家辛苦奔波"。老张听了妻子的话，连声感慨说"对不起，这些年让你跟着我受苦了"。

在"对不起"跟"谢谢"的作用下，老张夫妻俩遇到再大的事，都能第一时间压制住怒火。如此一个月下来，本来三天一大吵两天一小吵的两人，不仅一句也没有吵过，还学会了互相关心跟感谢，夫妻俩很是感慨。

夫妻本就应该互相关心、互相照顾，针尖对麦芒的争吵，只会让感情越来越差，甚至导致不得已走向离婚。

人在愤怒时说狠话，本质上是一种情绪发泄。这种情况和骂人、打人是一样的，但愤怒的时候并不是每个人都一定骂人、打人，因为每个人在个人情绪处理上的方式不尽相同，比如，有些人在生气愤怒的时候是很冷静的。

相比骂人、打人，冷静处理的方式总归是不伤人的。很多夫妻、情侣之间本来因为一些小事不愉快，但一旦"狠话"升级，就会变得一发不可收拾，留下痛苦的结局。

　　我记得以前在电视上看过一个寻亲节目,让我难过纠结了很久。一对原本恩爱的情侣,吵架时男孩说了一句"我就算是去死,也不想跟你在一起了",女孩听后负气离开。这一离开就是20年,其间,男孩怎么找都找不到。

　　如今,男孩已经成长为男人,每每想起当初的一幕就懊悔不已,决定求助于电视台向当年的女友——如今想必已经是一位妻子、一位母亲的她说一句"对不起"。电视台费尽九牛二虎之力找到女方父母家才知道,早在20年前女方就因车祸去世了。

　　听闻这个消息,这名男子知道这辈子再也无法向女方说出那句"对不起"了,而他留给女方最后的印象居然是一句决绝的狠话,他当场哭晕了过去。

　　他为此后悔自责了20年,本以为有弥补的机会,却不知道一次转身就是一辈子。

　　相爱不是一件容易的事,我们每个人都应管理好自己的内在情绪,控制自己脱口而出的狠话,如若不然,就会让自己与爱人陷入痛苦,甚至造成一辈子都无法弥补的伤痛。

修得豆腐嘴,坚守刀子心

张小娴说:"世上有很多东西是可以挽回的,譬如良知,譬如体重,但是不可挽回的东西更多,譬如旧梦,譬如岁月,譬如对一个人的感觉。"

感觉这个东西很奇妙,有时候来得突然、浓烈,有时候去得又莫名其妙。出于性格不同,出于"三观"不一样,出于习惯没法将就,导致感觉散去,我们不遗憾,因为此生我们要找的就是那个同路人。但在生活中,尤其是在感情世界里,我们有时候往往等不到去了解对方的"三观"跟习惯,只是因为一句不恰当的话就让感觉消散了,怎么找都找不回。

试想一下,你和爱人站在大海边,感受到海风的轻抚,惊叹

着大海的广阔无垠,此时若你的爱人来一句"这海里肯定淹死不少人",你美好的感觉是不是瞬间消散?

和爱人的相处是长久的、琐碎的,总会有不如你意时,若你一次次把不满的情绪摆在明面上,把和爱人之间的沟通用刀子嘴说出来,你们的感情离破灭就不远了。

茉莉随牛哥回老家过年,亲朋好友都过来了,很是热闹。本以为是一个热闹年,却没承想牛哥坚决要跟茉莉离婚,茉莉哭哭啼啼不同意,结果这年过得又郁闷、又闹心。

起因是这样的,做饭时牛哥不小心切到了手指,看着血流不止,茉莉很着急,一边帮忙处理伤口一边念叨:"就你最笨!脑子最没用!连猪都不如!一点小事都做不好,一年就做这么一次饭,还切到了手,怎么不切断?!"

当时,牛哥的妈妈跟姐夫也在厨房帮忙,每个人都觉得相当尴尬。只见牛哥低着头呵呵地憨笑,牛哥妈妈的脸色明显变差了。

吃饭时,茉莉很热情地帮公公和大伯他们倒酒,也把满满一杯酒放在了牛哥面前。牛哥"谢谢"刚说完,茉莉就开口了:"给你倒酒就谢谢我了?你谢我的时候还在后头呢。你这个酒罐子,早晚得喝死!到时候我帮你收尸处理后事时,你再谢谢还来得及。"

听了茉莉的话,大家都把酒杯放下了。一桌人知道茉莉是典型的刀子嘴豆腐心,但是大过年的,把话说得这么难听,也是过分了。

牛哥脸色不好看,一杯接着一杯喝酒。大家都劝牛哥别喝了。越是这样,牛哥的脸色越是难看,酒喝得越猛。终于,牛哥把酒杯往地上一摔,冲茉莉吼道:"离婚!我受够了!去当和尚也好过整天面对你这个母夜叉!"

众人瞠目结舌,茉莉更像是被利剑封喉,一个字都说不出来。酒席不欢而散。

本以为酒醒后就和好如初,没想到牛哥动了真格,坚决要离婚,谁劝都不听。

茉莉慌了。

茉莉承认自己嘴巴是不饶人,可她是从心底是掏心掏肺地对牛哥好,结婚十几年,她以为牛哥早就习惯了这种默契,哪里会想到他是一直在隐忍着委屈,以致一旦爆发出来,九头牛也拉不回来。茉莉失去了婚姻,悔不当初。

跟茉莉截然相反的是小Q,她出身书香门第,话从来不说多,更加不说狠。丈夫要去参加饭局,小Q只叮嘱道:"知道你一会儿忍不住要喝酒,但记住喝酒后千万不要开车,给我打电话,我去接你。"

一时兴起时,丈夫会叫人来家里打牌,小Q也是轻轻地说:"我知道你打牌技术不好,但我们不能尿,多准备点钱,心里有底。"

小Q从来不控制丈夫,但丈夫却特别听话,参加完饭局按时回家,打牌也只玩玩尽兴而已。因为小Q的丈夫非常清楚,小Q虽然说话办事很温柔大方,什么都不计较、不在乎,但原则性非常强,典型的豆腐嘴刀子心。

豆腐嘴是小Q的修养,刀子心则是她的原则。婚姻里修养和原则从来不冲突,多赞美欣赏,少指责挑剔;心里的那把"刀"则修剪棱角,知晓分寸,关键时刻锋芒毕露。

有句话说,没有人会通过你邋遢的外表去欣赏你的内在。刀子嘴豆腐心也是这个理。俗话说祸从口出,嘴上柔软让人舒服,别人才能对你产生好感;嘴毒不饶人,给人的第一感觉就打了大折扣,以致你的豆腐心没人看得到。

面对爱人时,一定要修得豆腐嘴,坚守刀子心,能做到的才说,做不到的千万别说,关心体贴的话好好说,恶毒难听的话绝对避免说。嘴上柔软甜蜜,温暖十足;内心坚定说一不二,明白自己要什么,懂得婚姻的底线在哪里,谁过了界,谁辜负了自己,直接咔嚓手起刀落,绝不拖泥带水。

换位不容易,每个人都有自己的脾气

恋爱和婚姻最大的不同是什么?答案是:恋爱的时候,最重要的是爱不爱;而进入婚姻以后,最重要的是会不会爱。很多时候,一段感情不能够长久地走下去,并不是不够爱,而是不会爱。而不会爱的关键就在于我们总是学不来换位思考。因为有爱的存在,所以两个人在家中都很感性,都偏向于用感觉来处理问题,而不是理性分析,所以很容易变得情绪化。

情绪针对的是人,当你用情绪化的方式指责对方的时候,对方会本能地感受到这种攻击,于是也会产生情绪化的反应,用指责的方式回击。在感性的世界里,我们总是太注重自己的感觉,不会换位去考虑对方的情绪,如此一来就形成一种对立的状态,

沟通的前提就被破坏掉了。

不幸福的伴侣经常会出现不等对方把话讲完,就以自己的判断去理解对方的想法,不会换位去思考对方的意思,只是单纯地认为不用去问也能知道对方在想什么,自己心情好的时候就从好的角度来看待对方,心情不好的时候,就从不好的角度来揣测对方。这就很容易造成两个人的误解和偏见越来越多。这也是家庭频频发生争吵的一个重要原因。

丈夫因为应酬回家晚了,妻子肯定有不满和委屈:"天天就知道出去应酬,你眼里还有没有这个家?知不知道我每天在家很辛苦呀?"

应酬完回到家的丈夫很疲惫,听了妻子的指责,心中也不满,便回击道:"你还讲不讲理了?我出去应酬也是为了这个家!谁能有你舒服?不用上班,天天在家闲着,啥事儿不干。"

你不理解我在外应酬的辛酸,我不体谅你在家的无奈。这是很多夫妻的相处模式。很多夫妻都认为问题出在对方,只有对方意识到问题,作出改变,问题才能解决。但问题是,在对立的状态中,谁也不会从自己的逻辑和立场当中作出让步。于是沟通必然陷入相互争执的恶性循环。亲密关系中的沟通,最怕陷入恶性循环。

M跟妻子的沟通模式曾经就是这样的，每次都是以冷战而终结沟通。

冷战后的日子不好过，妻子不管事了，饭没人做，衣服没人洗，家里冷冷清清的。M发誓，下次再遇到这种事，一定要及时终结这种恶性循环。

M知道妻子表面上指责自己，其实在这种情绪的背后，是希望自己能够多关心她，理解她的辛苦。只是M自己也辛苦，他也需要妻子体谅。于是面对妻子的指责时，他不满的情绪会跑出来，指使他对妻子进行反击。

既然反击无用，还导致自己受罪，所以当妻子再这样说时，M就顺着妻子说："就是，应酬这么多干吗？有这么漂亮的你不陪去应酬别人，让你一个人在家又是洗衣服又是做饭的，这么辛苦。"

听了M的话，妻子内心的不满自然会缓和很多。妻子不再反击，M的不满情绪就消散了。情绪得到控制后，就要好好沟通解决问题了，否则一次次因为应酬吵架，真的很累。

"那你希望我怎么做呢？"M决定试着从对方的角度来思考。换位思考对方的感受，这样两个人才会把沟通的重点从谁对谁错转移到怎么解决问题上来。

"其实我也不是不让你出去应酬,毕竟这也是你的工作需要。我只是希望你不能按时回家的时候提前给我打个电话,不然我一直等,饭菜都热了四五次了。"妻子委委屈屈地说完这些话,M表示体谅,承诺会抽时间多陪陪她。

家是一个需要温暖的地方,是我们可以卸下一切面具和伪装,展现出真实一面,寻找放松状态的地方。不能让冷言冷语破坏了这种温暖。

晴儿有一个非常幸福的家庭,她虽是家庭主妇,但每次的家用都是丈夫主动给她,还会问钱够不够用。

晴儿说做到这一点非常简单,就是让丈夫换位思考,知道她在家带孩子、做家务绝不比他在外上班清闲。

要让丈夫换位思考,就得让他有所体验。有一次吵架,当丈夫说出"你在家什么都不用干"时,晴儿就真的什么都不干了,任由家里变得脏、乱、差,丈夫无奈,只好自己动手做家务。

此时晴儿的丈夫才知道,原来地板不拖几次是不会干净的,马桶不蹲在那里刷是不会干净的,衬衣不烫也是不会直挺的……丈夫终于体会到,晴儿在家不是什么都不干,而是什么都要干。

于是每次晴儿有不满抱怨时,晴儿的丈夫都会换位思考晴儿的不容易,忍住脾气了解晴儿心里的需求。丈夫的改变也带动了晴儿,她也学着换位体会丈夫在外的不容易,有情绪自己学着释放,不给丈夫添堵。夫妻俩能够如此将心比心、换位思考,生活自然和美幸福。

人与人之间的沟通本就需要双方多作换位思考体谅对方,爱人之间更是如此。宽广的胸怀是对待爱人之间发生矛盾时必须具备的。我们不应该对一个陌生人予以宽容,却对自己的爱人斤斤计较。

所以说,学会换位思考,宽容地看待爱人之间的分歧与争执,互谅互让,才能相处得和睦融洽,爱情才能够持久甜蜜。

婚姻不是战场，懂让才是赢家

巴尔扎克说，夫妻应由相互认识而了解，进而由彼此容忍而敬爱，才能维持一个美满的婚姻。

两个各自生活了二十多年的人，早已形成了自己的人生观以及生活习惯，生活中有点儿磕磕碰碰在所难免。所以，夫妻之间的相处一定是要磨合的，婚姻的前提是爱与忠诚，而最终能否真正获得幸福，则取决于夫妻之间的沟通。

夫妻有脾气很正常，但发脾气要懂得控制和收敛，不要总是由着性子来，想怎么发泄情绪就怎么发泄情绪，要知道，换作外人，谁管你发脾气是因为情绪不好，理都懒得理你，只有爱你的人才会忍受着你一切的情绪发泄。婚姻不是战场，要明白，为爱妥协不丢人，为家忍受不委屈，懂让才是真正的赢家，赢得了对方的爱，也赢得了家庭的幸福。

表姐离婚时是高兴的，因为她觉得自己赢了，直到一天她在咖啡厅看到前姐夫为对面的女士倒水，体贴地为对方递纸巾，她才觉得自己的婚姻输了，因为她在婚姻里，从未体会过作为一个妻子的待遇。

表姐和前姐夫都是高材生，因为表姐在家中是老大加上又能干，所以结婚后家里大大小小的事她都操心着，会很细心地把每一天的大事小情打点妥当。前姐夫要出差，表姐会提前帮他做好计划，安排好生活起居。前姐夫稍微有一点不满、反抗，表姐总是强硬地予以回击，最后不仅让前姐夫听从她的安排，还得承认错误。

表姐跟前姐夫离婚的理由很简单，前姐夫想给爸妈买一个电动足浴盆，但表姐坚决不同意，说电动足浴盆不好，买个木盆就可以了。电动足浴盆是前姐夫父母要求买的，表姐的意见自然不能采纳，两个人吵来吵去，前姐夫的怒火被点燃了："这个家，大事要听你的，小事也要听你的，还要我做什么？"

表姐并不示弱，一一细数自己对这个家的贡献，强调自己为这个家付出这么多，为什么就不能听自己的？

"是呀,都是你的功劳。这个家有你就够了,我们离婚吧。"前姐夫这句话一出口,表姐想都没想进行了回击:"离就离,谁怕谁!"然后用最快的速度对财产进行了分割,前姐夫什么都没要求,安静地签好了字。

"其实说出离婚时我就有点儿后悔了。如果当时我能示一下弱,一定不会离婚,也许也能被他温柔以待吧。"时至今日,表姐方才对这段婚姻的离去,给出了最合理的原因。

明明后悔到不行,但就是不肯道歉服软,这是很多婚姻破裂的原因。爱,到底是坚持己见,还是妥协道歉?为什么我们的吵架总是"冷酷到底"?

亲密关系中,强硬往往代表着弱势,而柔软恰恰是最大的勇气。遇到矛盾时,固守己见说明不敢为爱"破冰",而"主动靠近"代表着愿意为爱付出和改变关系的决心与力量。

其实,婚姻的难题并不难解,少一些控制,多一些宽容;少一些挑剔,多一些知足,就可以为婚姻交上一份满意的答卷。用漂亮话把男人哄得高兴然后轻松把自己预想的结局实现,懂得适当示弱的女人,才是真正的赢家。

我有个女同事阿娇,人如其名,长得娇小可爱。她丈夫林先生是一位大男子主义很强的人。但阿娇总说,生活中都是林先生照顾她。这一切都源于阿娇的调教。女人一定要坚信,好男人都是好女人调教出来的。

刚结婚的时候,林先生是个不知浪漫体贴为何物的男人,加上大男子主义作祟,家里的大事小情全是阿娇操心,林先生完全一副甩手掌柜的样子。在一次次的争吵较量后,阿娇发现林先生并不是不爱她,而是他觉得阿娇足够强大,所有事情都能打点妥帖,不需要他太操心。阿娇觉得这样下去肯定不行,她必须适当示弱,让丈夫明白,她只是一个弱女子。

阿娇感冒生病时,浑身无力,央求林先生为她端茶送水,并且还深刻地进行了一番自我检讨:"我发现,这个家没你真是不行。平常都是我太强势,都不给你体贴我的机会。"这句话远比"我为这家付出这么多,你从来都不懂得体贴我"有效多了。前者说完,林先生会反省日常是不是对阿娇太不够体贴了,往后肯定会对阿娇更体贴,而后者指责的口气会马上让他产生抵触心理。

通过这件事,阿娇慢慢摸出了一些门道。明明会换灯泡,阿娇也要假装害怕的样子说怕被电不敢;日常需要去哪里,阿娇也总是以自己不会开车是个路痴为理由,让林先生帮忙规划路线,或者直接送她过去。

就这样,在阿娇的温柔攻势下,林先生改变了很多,许多事不要阿娇开口,他都能提前预想并果断处理。慢慢地,这种互动也扩散到了生活中的其他方面,林先生学会了在重要的纪念日给阿娇一些惊喜,美其名曰,宣誓主权,免得阿娇被别的"猪"惦记。

爱人不是敌人,婚姻不是战场。让步不是妥协,而是一种理智的体谅。做人处世只有学会适时让步,才能称得上是人生赢家。

爱情和人品无关,与情绪有关

以前有个女同事跟我说她喜欢《射雕英雄传》里的杨康,不喜欢郭靖。我很惊奇,爱坏恨好?后来想想,杨康认贼作父是不对,可他对爱情却很执着,这样的人为什么不能享有爱?在爱情面前每个人都是平等的,每一个人都有爱和被爱的权利。

每一段爱情的开始都是单纯而美好的,什么都不计较,只要两个人倾心相爱就可以了。后来,爱情慢慢走远,当初的人品不好、性格不好,通通成为爱情远去的理由。爱情很伟大也很脆弱,它伟大到可以战胜一切,也脆弱到经不住情绪的消磨。爱情和人品没太多关系,反倒和情绪有着至关重要的牵连。

"攒够了失望就离开",这是很多恋人分手时常说的理由。

通常两个人分开并不是因为不爱了,而是爱得累了,或者说积累了太多的失望。失望是一种情绪,爱没有败给年龄、距离,却败给了情绪,是不是很可悲?

爱情本是人类一种美好的情感,但是它输出的往往并非只是幸福,还有伤害。那些在大街上争执的情侣,那些哭得歇斯底里的女孩,还有那些抓狂的男孩……爱情带来的伤害就是这么刻骨铭心。而伤害往往源于彼此的情绪对立。人本就是情绪动物,过分地主动压制情绪和被动控制情绪,都违反了生物本能。可是,任由情绪发泄又会带来彼此的伤害。这好像是一个悖论,其实不是,因为情绪有正面的也有负面的。

人是情绪动物,那么你的情绪支配着你的行为,正面的情绪带来的是正面的行为,能增进爱;负面的情绪会让你做出负面的行为,会带来伤害。为了不让爱变成伤害,我们可以选择发泄正面情绪,控制负面情绪。

莎莎最喜欢跟男朋友做的一件事就是吵架,因为在她看来,在自己爱的人面前不需要隐藏自己,有了情绪就要发泄。

三八妇女节那天,莎莎所在的公司为女员工放假半天,这是一件值得高兴的事,莎莎第一时间跟男朋友分享了。男朋友也很高兴，让莎莎好好休息休息。

好不容易放假，莎莎很想跟男朋友在一起，但男朋友工作太忙，临时请假批不下来。莎莎的正面情绪一下转变成了负面情绪，她认为男朋友一点都不在乎自己，已经半个月没见面了，好不容易有半天假，男朋友都不愿意为她请假。

莎莎开始吵开始闹。

男朋友哑巴吃黄连，有苦说不出。莎莎这么一吵，让他更加烦闷，干脆不理莎莎的无理要求。最终两个人大吵一架，开始冷战。

莎莎一直没想通，为什么本来是好事，结果变成了坏事。

这是因为负面情绪的爆发很容易让人做出过激和失控的举动，而且负面情绪很容易进行恶性传递。关于负面情绪传递最好的解释便是"踢猫效应"。这是一种典型的坏情绪的传染。人的不满与负面情绪，会沿着类似食物链一样的等级依次传递。由顶端一直扩散到最底层，最底层那个最弱小的元素，则成为最终的无辜受害者。

"踢猫效应"的受害者往往是我们身边最亲近的人，尽管对方会采取承受或者逃避的态度，但这并不能说明，他们对你的情

绪发泄无动于衷。

最主要的是对方会对你们俩的亲密关系产生非常失望的情绪。这种负面的两性互动自然会造成亲密关系的疏远和冷漠，从而对你们的亲密关系造成伤害，甚至是不可逆转的伤害。如莎莎最终跟男朋友的吵架冷战一般，它必然会动了爱情的根基。

甜甜对待爱情的处理方式跟莎莎完全不一样，她觉得两个人因为爱在一起，就应该好好地享受爱，体会爱里的那些美好，不能被不好的情绪伤到。所以，每次遇到好吃的、好玩的，或者身边发生了什么有趣的事，她都会第一时间跟男朋友分享。

一旦因为工作或生活压力影响到自己心情时，甜甜都只会跟男朋友求安慰，试图用这种方式控制自己的负面情绪，不至于影响到男朋友的心情。如此一来，两个人的心越来越近，感情越来越好。

我们常说爱情需要经营，每个人的恋爱都不是一帆风顺，总会遇到各种各样的问题。既然都会遭遇问题，就要学着去解决问题：去思考，去转变自己的思维和认知，而不是用情绪解决。控制情绪的是思维，莎莎觉得在男朋友面前就应该发泄情绪，所以当负面情绪到来时,她也只顾发泄了事;而甜甜的想法则不一样,她认为男朋友不应该承受自己的负面情绪,所以才会始终控制自己的情绪。

只有转变了思维,当情绪来的时候,我们才会学着去管理,而不是刻意地去压制,只有管理好它,情绪才不会像一个任性的孩子调皮捣蛋。这是一种功力,是两性相处的基本功。

不懂得处理恋爱中出现的突然变化,无法接受现实低于自己期待的情况,更不懂及时调整心态去适应和解决,只会用情绪去发泄,这样的人在爱情中只会伤人伤己,最终被爱情淘汰。

在亲密关系里我们无须像圣人一样对任何事都做到心如止水,但我们更不应该以爱为借口任由自己的情绪像洪水一样发泄。我们要做情绪的主人而不是成为它的奴隶,管理好情绪才会在爱里体验到幸福与美好,才有资格拥有一份永不分手的爱情。

PART 4

对待朋友，好好说话相处舒服就可以了

何为朋友？朋友其实是能让你时刻都觉得他和你是一伙的。人生苦乐参半，何必将"苦"互相传染，伤人伤己；好好说话，给朋友找"乐"，让自己欢愉，这种舒服是你给朋友最好的回馈。

自嗨要不得，须看懂对方的回应

生活中我们常常会遇到这种情况，你看了一个好看的电影，然后激情澎湃地讲述给他人听，最后对方一个"哦"终结了这场所谓的沟通。你顿时觉得很扫兴，觉得对方怎么那么没有礼貌，难道不知道聊天止于"哦"吗？（难道你没看出来对方一点兴趣都没有吗？）

对同一件事和朋友意见不同时，你会搜肠刮肚，摆事实、讲道理，姿态放得足够低，可对方却完全听不进去，最后不欢而散；演讲时，狂甩各种新潮词语，排比句一个比一个长，最后你说得唾沫横飞，听众却在下面呼呼大睡。为什么生活和工作中，总有这种"我对你掏心掏肺，你对我狼心狗肺"的场景出现？

你想说：我都是为你好！可对方心里想的却是：其实我一点也不好！

这种时候不要着急说别人，沟通交流是你来我往、互相回应的，绝不是"你言千百句，我呵呵一笑"的情况。沟通中当你发现你说的话题对方接不上来或者不感兴趣时，应及时终止换一个对方感兴趣的话题。千万不能由着你的自嗨情绪说个不停，最终让这场沟通宣布无效。

有一个男孩子去相亲，见到女孩子以后，为了吸引女孩子，展现自己优秀的一面，他大谈特谈自己的创业之路，从如何选项目拉投资，到后期如何扩张，完完整整地说了一个透彻。那真是眉飞色舞、滔滔不绝。

男孩子觉得对面的女孩子一定被自己深深吸引，但实际效果却截然相反。女孩子回去后告诉介绍人，男孩子说得越精彩、越兴奋，现场尴尬的气氛越浓厚，她对男孩子的印象就越差。女孩子明确表示，这样的交流一辈子这一次就够了。

听了介绍人的回应，男孩子越想越委屈：每次自己给朋友讲创业经验，大家都是鼓掌加喝彩，赞扬自己眼光独特、吃苦耐劳、坚忍不拔，怎么到了女孩子这里不加分反倒减分呢？

分析原因特别简单，就是这个男孩子陷入了自嗨的沟通模式。他所选的话题清晰度特别高，是他自己的亲身经历，他一定能说得好，但关切度不高，即对方对这个话题不感兴趣。女孩子是来相亲的，不是来找创业伙伴或者投资人的，她想了解的是男孩子对另一半的要求、对生活的规划，而不是男孩子创业的艰难过程。

我们把这种清晰度很高、关切度很低的话题称为"自嗨型"话题，就是你讲起来自信满满，三五个小时可以不停歇，但对方除了昏昏欲睡，就是内心呵呵了。这样的沟通，其效果可想而知，对方没有直接走人，算是很有教养了。

人一旦进入自嗨中心，就很难收住场，情绪会越来越亢奋。因此，每一次沟通的开始，当你选取好一个话题时，你说出三两句开头语后，要注意察看对方的情绪变化和回馈，对方若眉毛上扬两眼放光，能马上对你的开头语作出回应，那么恭喜你，你可以继续了。这样的沟通才是有效的沟通，最终才能达到一起嗨的目的。

如果对方给出的是截然相反的反应，如低头干其他事，或者半天回应"哦""嗯"，你要做的千万不是义正辞严地指责对方

应该看着你的眼睛,而是及时换另一个话题,让对方被你的话题带动,重新萌发跟你沟通的欲望。

沟通的秘诀不在于你说了什么,而在于让对方多说,所以一定要注意倾听,看懂对方的回应,观察对方的感受,同时要不断寻找双方认知的交集和兴趣的交叉点。多在这种交集跟交叉点上做文章、找话题,而不要陷入自嗨的境界,不仅达不到沟通的目的,还会给人留下不好的印象。

有一次我去商场买餐具,看到一套餐具的图案很有特色,随即问导购这图案代表了什么?导购是个年轻的姑娘,她很热情地接待了我。她告诉我这图案是他们老板请著名设计师设计的,随后讲了一通老板是如何艰难地请到这个著名设计师的。

我中间两次打断了她,问这个图案代表什么意思,她没有回答我,而是反问我一句:"你不觉得这个过程很神奇吗?"我只能说,再神奇的过程,也远远没有我对这个图案有兴趣。最终这套餐具我没有买,那个神奇的过程我也没有记住,但我记住了那个导购的口红是橙色。

沟通带来交流,但无效的沟通却只能导致尴尬。一场自嗨的沟通,你说得累,别人听着也累。

在日常沟通交流中,面对一些话题能张口就来,这是能力。懂得闭嘴不说,这是智慧。我们大家都要做一个既有沟通能力,又有沟通智慧的人。

能说不好意思时,别说对不起

从小到大,我最讨厌听到的话,就是对不起了。说对不起意味着,一定会有想要做的事没做,一定会有该达成的目标没达成,一定会有被许下的承诺没兑现。完美的计划,在这一刻,出现了明显的瑕疵。有时候,对不起或许还意味着错过却再也没机会重来。

高考失利后,你对爸妈说对不起,有什么用?他们讨厌听到你的对不起,这意味着多年培养,一朝失利,他们的担心又多了几分;父母答应好的陪伴没有做到,对儿女说对不起,有什么用?期待落空,下次承诺的陪伴,又多一份不被信任的理由。如果可以,多么希望能将对不起变成"我成功了""我做到了"。

人生的各个阶段。对不起这句话,不是必说而已。对不起,如果是因为做不到,无可厚非,事情开始前,你就可以大胆说对不起,你做不到。对不起,如果是因为能做却没做到,是否能理解为不够上心呢?不够上心,是否是因为不够重要呢?如此,这句对不起对事情进展没有任何作用,说还不如不说。

对不起是用在关系一般的人身上,家人和朋友之间不需要,这一次不行,还有下一次。说句不好意思就可以了。一句对不起只能表明强硬的态度,以及不安的情绪,家人和朋友,不需要这样的。

结婚后的李东空闲时间少了很多,和哥们儿的聚会三次才能去一次,还有一次需要中途退席。那一次哥们儿小陈生日,李东兴高采烈地应邀出席,结果饭才吃到一半,妻子说家里水管漏水了,要他回去。

李东心里很不爽,冲着哥们儿大喊了一声"对不起"。他的话还没说完,整个愉快的吃饭氛围就尴尬掉了。谁都知道对不起后面意味着的是什么,是爽约,是在兄弟跟妻子之间选择了妻子。当然,李东不爽的情绪大家都感受到了,好像这次约李东就是一个天大的错误一般。

见此情景,李东脑瓜子飞快地转着,笑着说:"不好意思,

不好意思,兄弟几个,我先溜个号,有机会再战。"原本凝重的气氛得到了缓和。是呀,多大件事呢?你李东又没有做错,说什么对不起?弄得这么庄重严肃,说句不好意思就可以了。

这件事后,李东说事情不到特别严重的情况下,他不会再说对不起,因为对不起也是他不甘和不爽的一种情绪宣泄,这种情绪会传染给朋友。

电视剧中经常有这样的经典桥段:一对非恋人的男女接吻之后,女的睁大眼睛看着男的一副不相信刚才发生了什么事情的样子,男的愣在那里一副不相信自己刚才做了什么事情的样子,接下来的对话大多是这样的——

男:对不起,我刚才太冲动了。

女:(望着男的沉默不语)

男:我不是故意的。

女:(依然望着男的沉默不语)

男:对不起,我真的不是故意的。你要是生气了,打我骂我都行,我保证打不还手、骂不还口。

女:(依然望着男的沉默不语,然后抿紧嘴唇、眼含泪水、悲愤莫名地抬起手使劲打男的一巴掌)混蛋!

这男的肯定在离开很久之后都想不通,为什么好好的一个开端变成这样子了呢？亲吻的时候没有挨打，反倒是自己道歉了之后挨打呢？

那是因为对不起太过正式和严肃了，仿佛刚才的亲吻是一种错误，本是男女之间发乎情的亲吻，但男方一句正儿八经的对不起，让整个氛围都被破坏了，好像意味着男的不是因为爱慕才吻了女的，女的有受辱感，所以打了男的。

不需要对不起，喜欢对方而亲吻对方不是一种错，我宁肯你说"不好意思，我实在是太喜欢你了，所以没忍住"。这句话一说出来，换来的肯定不是挨打，而是一句"我也喜欢你"，要知道男的吻了女的，而女的没有拒绝，说明女的也想吻男的。

不知道男性朋友们在发生了"意外"接吻事件之后都是如何表现的？如果你不想挨打的话，最好老实承认，至少在吻她的那个时刻，你心里对她是充满了爱意的。这样说既是对自己的尊重也是对她的尊重，也许从此就会开始一段美好的恋情，然后成就一段美好的姻缘，最后度过美好的一生。

发乎真情的男女之爱是一种美好的情感，与其费尽心机地掩饰、辩解，何不坦然面对？只要这种情感没有伤害他人，就值得追求、珍惜，这就叫作"发乎情，止乎礼"。

爱你，所以吻你；吻你，是因为爱你，不是想要羞辱你。吻

我，是因为爱我，只愿君心似我心，千万别说对不起。

朋友之间也应当如此，把我当朋友，就不要做对不起我的事，事后又跟我说对不起。相比对不起，我更喜欢听你的不好意思——"不好意思，这次没有做好，下次一定做好"。

可以嘲笑朋友，但不能嘲笑他喜欢的东西

　　人这一生，会遇见很多。遇见了不意味着了解。了解是一件太难太难的事，没有了解，我们不会知道他人为什么会对某个明星特别喜欢，不会知道他人为什么特别钟意某一样东西。了解不是一件简单的事，哪怕是相爱的人，是好朋友，喜欢对方喜欢的东西也不容易。但做到不嘲笑，尊重并且保护对方的喜欢却很简单。

　　上大学那会儿，我们宿舍有个姑娘特别喜欢某一个偶像，她的床上贴满了偶像的海报，听的歌都是偶像的，每次偶像一出新歌，她都会高兴地大喊大叫："×××又出新歌了！真的好好听耶！你们要不要听？"每次她这样说，喜欢的会跟她一起听，不

喜欢的也会说上一句"真好耶"。所以,不只是偶像的新歌,有其他好吃的、好玩的东西,她都会第一时间跟我们分享。

有一天,宿舍另一个姑娘失恋了,也许是她的喜悦太明显了,或者是她高兴的声音太大了,失恋姑娘忍不住大声说了一句:"出新歌了又怎么样?有什么好高兴的!唱得那么难听,也就你喜欢了。"

听了室友的话,她愣了一会儿,然后冲出了宿舍。等我找到她时,她独自坐在宿舍不远处的草地上,紧紧抱着膝盖,脸靠在膝盖上,肩膀一抽一抽地哭泣。

我一坐到她身边,她就开口说话了:"我知道我偶像唱歌没那么好听,可我就是喜欢他呀!她就不能不那么赤裸裸地说出来吗?她可以嘲笑我,为什么要嘲笑我的偶像?我的偶像有什么错?"

每个人都有自己喜欢的东西,大多数时候我们把它当作珍宝珍藏在心里,偶尔同人分享,不是要证明我喜欢的东西有多好,只是想简单分享我所体验到的快乐,如果你恰巧也喜欢,那自然是最好了,可如果不喜欢,也没必要冷言冷语否定我的快乐。即便别人的偶像唱歌再难听,你也应该控制好自己的情绪,切忌用言语伤害到对方。因为对方是把你当朋友,才会第一时间跟你分享快乐。

发生这件事后，宿舍其他的人对这个失恋的姑娘不自觉多了几分介怀，有好吃的、好玩的都不会第一时间跟她分享，除非她主动问及。因为没人愿意拿出自己喜欢的东西分享，还被嘲笑。

我曾见过一个人，他不喜欢红色，他说是小时候家里过年杀猪时，他被那一地的血吓到了，从此对红色多了几分厌恶。但有一天他的脖子上却多了一条红绳，我不理解，问他为什么戴红绳。他说这个红绳是他妻子特意去普陀山给他求的，本命年用来保他平安的。他虽然不喜欢红色，但本命年会一直戴着，因为这是妻子对他的爱。

每一个人喜欢一样东西，也许有其背后的深意，如这个本命年的朋友，他喜欢的是红绳背后来自妻子的爱和关心；那个喜欢偶像的室友也是如此，她知道她的偶像唱歌不好听，但在高考失利难过时，是偶像的歌声陪着她度过了一个又一个夜晚，所以她喜欢。

如果有一天，你遇到一个人，他真心喜欢某一样事物并乐于同你分享，天上的繁星也好，地上的野花也罢，你可以不理解、不喜欢，但请不要吝啬你的赞美，更不要肆意嘲讽。这是最基本的情商，也是保持良好沟通的基本方式。

每个人的品位、爱好不一样，这就造就了我们喜欢的东西千差万别。你可以不喜欢别人的喜好，但一定要尊重。千万不能说，"你怎么喜欢这个明星啊？Ta是整容的！""你怎么买这样的衣服啊？穿了好显胖！"这种话会让人认为你是一个尖酸刻薄的人，很可能导致对方跟你疏远。

大S曾发微博："家人、朋友之间无论再亲，但如果有以下情形，请闭嘴：政治立场不同，支持球队不同，价值观不同，教育方针不同，喜爱的偶像不同，宗教信仰不同，口味不同。若有一方先开口，后者千万要转移话题，吵赢了话题得不到爱呀！"

大S一直是娱乐圈里少有的活得自我又随性的艺人，谨言慎行几乎和她不沾边，但此条微博却主张缄口，且其言下之意为：再亲密的关系，都不要去否定、嘲笑对方的立场和喜好。

是的，我一直认为，人们以个体的形式存在于这个世界上，最不需要彼此争论的就是个人喜好，因为这件事情私密又无害，丝毫不妨碍他人。喜欢就是有这种神奇力量，你说我丑，我立马给你做个鬼脸；你说我矮，我立马可以说浓缩的才是精华。但如果你嘲讽我喜欢的品牌、喜欢的偶像，即便我脾气再好，性格再马大哈，也会觉得很受伤，并且本能地想要捍卫到底。这是因为，每个人都有自己的喜好，这些喜好是我们在岁月中找到的心之所属。

　　人人生而不同,喜好不同也是再自然不过的事。嘲笑别人的爱好,无论是有心还是无意,都会因为缺乏对他人的尊重而失了体面,伤了友情。这种伤人三分伤己七分的事,聪明的人是不会做的,自作聪明靠批判别人喜好来彰显优越感,到头来只会人见人烦。

生气可以,但指责朋友不可以

朋友是那个可以跟你一起分担情绪,也可以一起面对事情的人。每个人有每个人的做事态度,你之所以能与这个人成为朋友,彼此的"三观"以及做事态度肯定相近。若有一天朋友做了一件让你无法理解的事,你的第一反应肯定是生气。生气朋友不听你的意见;埋怨朋友一意孤行把事情处理得这么糟糕。这些情绪都是正常的表现,说明了你对朋友的在乎,对朋友事情的重视。

大脑沾染上喜悦的情绪会兴奋,沾染上悲观的情绪会消极,一旦沾染上生气跟埋怨的情绪就会愤怒,好像别人所做的一切都是不对的。当我们对朋友产生了不满时,一旦控制不好自己的情绪,指责的话语就会脱口而出,"你是不是傻?怎么可以这么做?""这个烂摊子你来收拾,我不管了!"

要知道,发生了麻烦事,最难过的是当事人,而且事情已经发生了,当朋友选择告诉你,说明他信任你,一方面是向你寻求帮助,另一方面是想释放自己害怕以及无措的情绪。这个时候,你却送他一顿指责跟抨击,很有可能你们友谊的小船就这样翻了。

我们小区有一个牛人,据说他当年接下快递分点时,除了五万块钱,什么都没有。但他却用了一年时间,顺利拿下了整个片区的快递点,生意越做越红火,所以大家都说他是牛人。每每有人向牛人取经,他都乐此不疲地说着自己的诀窍,那就是要去支持朋友,不要去指责"。

原来这个牛人是个出了名的"妻管严",不管妻子说什么,他都说好。他把这种"妻管严"的心态运用到交友上面,好处就很明显了。

每次朋友遇到麻烦来找他,他第一时间都不是指责,而是说上一句,"我知道你也是为难了才来找我的",接着帮朋友一起分析怎么解决问题,弥补损失。

久而久之,他的朋友越来越愿意找他帮忙,不管大事小事

都来找他说一下。人与人之间的交情就是你麻烦我,我麻烦你,麻烦出来的。什么债都容易还,就这人情债是最难还的。牛人帮了朋友这么多次,所以当他接下快递点时,这些朋友自然而然来帮忙,出钱的出钱,出主意的出主意。牛人也愿意听朋友们的意见,就这样快递业务越做越红火。

别人的生活发生了什么,他们正在经历着怎样的波折和磨难,站在自我立场的你可能并不知晓,你所看见的只是表象而已。不要轻易地指责别人,尤其是你的朋友,因为我们没有足够的智慧去知晓别人生活里的喜怒哀乐,去真正体谅别人的酸甜苦辣。但我们却能知道,朋友找到你时是他最需要帮助的时候,所以你的指责跟埋怨对他而言只能是伤害。

一个外卖小哥的事情曾刷爆了我的微信朋友圈。有个人中午接到好几个电话,但每次接听的时候,对方都不说话,随后就挂断了。他以为有人搞恶作剧,就在办公室发脾气,还骂了脏话。

不料,他晚上清理手机短信时才发现了真相。有一条短信是这样写的:"您好,我是一名快餐配送员。由于我是聋哑人,沟通不便。如果您需要更换菜品或地址的话,请用短信联系我。外卖送到后,我会给您打个电话,然后挂掉。请您做好接餐的准备。"

这个被认为在搞恶作剧的人,其实是一位24岁的聋哑骑手,不能开口说话的他,只能用发短信的方式跟客户联系。当记者去采访这位外卖小哥时,他用手语告诉大家:"我很热爱自己的工作,请多给予理解和支持!"

这个世界的一切结果,都不是无缘无故产生的,任何人做任何事,都有他的原因和理由。千人千样,每个人都有自己的故事,每个人都是自己故事里的主角,不管故事是平淡无奇,还是曲折坎坷。人生无常,谁都会有眼泪、有悲伤,我们要学会理解和同情,学会善待他人,毕竟人生一世谁都不容易。

想想我们,有多少不为人知的伤感和苦楚,就知道他人的生活里其实也有一样的内容,也一样在人生的道路上经历风风雨雨。一个真正懂得自我修养的人,应当懂得不以自己的角度去单方面地看待问题,这样才能"你好,我好,大家好"。

记得《奇葩说》有一期辩题是《被外卖员惹毛要不要投诉》。我很赞同其中的一个观点:投诉之前一定要先了解一下是什么原因让外卖员惹到自己,了解之后有必要投诉的可以投诉,因为每个公民都有维护社会公正秩序的义务。但千万不要轻易行使你的投诉指责权,可能你宣泄的只是当时被惹毛的不满情绪,

但外卖员失去的可能是一家人的生活来源。

当然,如果你在不随意指责别人之余,还能为对方送上一个好评、一份鼓励,那么这个世界也会因此多一份温暖。

永远不要听信别人口中的他

你是怎么了解你朋友的呢？听他自我介绍，还是朋友介绍，或者自己发现了他的闪光点？我们认识一个人的渠道有很多，但了解一个人的方法无非就是这三种，通过第三方、自己、对方。其中最不可取的就是通过第三方去了解一个人，你只有跟对方直接交流了，才有可能看到他真实的样子。因为他面对不同的人，真的会有不同的面孔。只是听别人说，根本就不可能了解完整的他。

公司举办10周年庆活动，我和多个部门之间有了频繁的往来，某部门的一个小姑娘对我说："谭姐，你和我之前了解的完全不一样。不瞒你说，一开始说要跟你合作，我都是拒绝的。"

我笑了笑，问她："你之前认为我是什么样的？"

她不好意思地说："我之前听别人说你脾气很火爆，动不动就骂人。认识你后，我觉得你很幽默，也很好相处啊！偶尔发脾气也都是对事不对人，有些人就该骂。"

我开玩笑道："到底是谁在败坏我名声，我要找他要名誉损失费，我明明超级平易近人呢！"说完，我们俩哈哈大笑。

其实别人对我的评价也不能说全错，事情处理不好时，我的脾气确实很火爆，而小姑娘说我好相处也没错。一千个读者眼中，就有一千个哈姆雷特。评价一个人，一百个人嘴里可能会有一百种样子。所以，你若想认识一个人，别只是从他人嘴里去打听，而要自己用心去接触。一个人看待另一个人，总会带有主观色彩。认识一个人，可以听听别人对他的看法，但不能全信，还是需要自己去了解。

这个社会，每个人在与他人相处时，可能都会戴着一副面具，只愿意把真实的一面留给最亲近的人。如果你只是通过别人看到的假面来定义他，可能会错失一个和你灵魂契合的人。朋友之间的相处更是如此，当你们之间产生了误会，要自己架起沟通的桥梁去化解，而不是任由怀疑的情绪持续，听信他人口中的传言，以至于误会越来越深，彼此逐渐形同陌路。

好友小洁找到我时很是气愤,说她简直瞎了眼,怎么会跟雅琴做这么多年的朋友。我仔细一问才知,小洁这么大的火气只因别人的一句话。

"你可得小心着点雅琴,我4号下午在××咖啡馆看到雅琴跟你丈夫一起喝咖啡,两个人笑得可开心了。"听了别人有鼻子有眼的这句话,小洁很是生气。气愤的情绪一旦种下,就会衍生出怀疑,小洁怎么想都觉得雅琴是会抢别人丈夫的人——以前雅琴就在自己面前夸赞过某个人的丈夫怎么怎么好。

有了这层怀疑在中间,小洁对雅琴说话就怎么不客气怎么来。雅琴约她去买衣服,她会冷嘲热讽:"我丈夫就一个,衣服一件就好。不像有些人,衣服想要好多,丈夫估计也想要好多吧。"雅琴约她去美容,她会酸溜溜地说:"我又不勾搭别人的丈夫,要那么美干什么?"就这样,两个相处多年的好友,第一次发现根本无法沟通。

"你再耐心等等看吧,我相信雅琴不是这样的人。"我虽然不知道雅琴跟小洁的丈夫为什么要一起喝咖啡,但我所认识的雅琴是绝不会抢别人丈夫的。

"你为什么这么相信她?别人没瞎,都看到了。"小洁不解地问。

"我也没瞎,我不愿从别人嘴里去认识一个朋友。"话说到这我便不再多言,否则小洁又要从我嘴里去认识雅琴了。

半个月后,小洁发了一条意味深长的消息在朋友圈:"如果你没瞎,就别从别人嘴里去认识朋友。这个世界不怕真坏人,就怕遇见假好人!"了解过后才知道,原来雅琴跟小洁丈夫的那次碰面,只不过是两个人谋划着要给小洁一个生日惊喜。

每个人看待同一件事、同一个人的时候,角度不同,得出的结论也会有偏差,甚至是同一个角度,得出的结论也会有所不同。很多人很容易受别人影响,如你的好朋友不喜欢一个人,你也会下意识地觉得那个人不好;比如,你的朋友说某个东西好,你也会觉得那个东西好。人很容易受他人影响,失了自己的本心。

尤其是朋友之间,因为在乎,因为害怕失去,我们会变得很敏感,他人对朋友的任何一句负面评价都可能影响到我们对朋友的看法。这个时候想保住朋友,就要守住本心,控制自己怀疑愤怒的情绪,走到朋友面前,跟对方开启一场高效的沟通。直接用语言化解误会才是最可行的办法。

要知道,在没有任何实际关系的情况下,一切的评价都是别人的体会,你问一百个人,回答可能会有一百个版本。如果自己有眼睛,就不要通过他人的嘴巴来了解一个人。

那你能做的是什么?去主动沟通了解,远离那些似是而非的流言蜚语。你认为值得交往的人,就相信他,真正的朋友不会站错队。

不必把太多人请进生命里

在生活中,我们总觉得"朋友越多越好""圈子越大越好",抓住各种机会去认识各式各样的人。以至于认识的人多到自己数都数不清,仿佛人认识得越多,朋友也就越多。

只是这么多认识的人中间,有几个能够跟自己以心相交,又有几个能够在自己需要时伸手相助?很有可能,你积累的所谓人脉不过是"通讯录"罢了。可很多时候,你却花费大量的时间与精力去填满这张"通讯录"。是谁说过,遇见一个聊得来的人就当作朋友,掏心掏肺,其实只是凸显了自己的极度孤独。

一个人的生命说长不长,说短不短,没有人知道明天会发生什么,不要把有限的时间浪费在无谓的人身上。若他们走进不了你内心，就只会把你的生命搅扰得拥挤不堪。孤单，并非身边没有朋友，只是心里无人做伴，你交流的大门没法对他人敞开罢了。

朋友讲究精而良，并不是越多越好，我们要甄选出能与之交流的朋友。与这样的朋友交流彼此受益，理应珍惜与之相处的时间。遇不到这样的朋友也不要泄气，更加不要逢人就将之当作朋友。生活无须过多陪衬，赏梅只需两枝，便足够。

记得上一本书写完后，高兴之余我忍不住发了一条动态在微信朋友圈，目的无非是希望得到朋友们的支持。

动态一发出，没多久就得到了各种回馈，大多数是点赞之交，也有评论留言的。

"哟，又出书了，有钱了。大款什么时候请我吃饭呀？"

"出本书多少钱呀？"

"我也写了一本书，帮我找渠道出一下吧。"

看到类似这样的评论，我顿时觉得一切都没有意义了。我努力写书的成就感，我对写作的热情，我为自己努力付出的赞赏，在这些朋友眼里都成了钱和渠道。微信朋友圈本就是一个私密的地方，能看到彼此微信动态的都是称得上朋友的人，在此刻我却发现自己一个朋友都没有，顿感孤独。有时候有快乐的事跟人分

享,却发现那个人不理解,并且以他的价值观标准来品评你,甚至意图改变你。如此,你得到的不是分享的快乐,而是沮丧和孤独。

"嘿,恭喜你,又离自己的梦想进了一步。"退出微信前,我看到了这样一句话。我回复了一个笑脸,不打算再将这个话题继续。

"怎么把那条动态删了呢?有时候自己鼓励自己就好了。"她又给我发来信息。

我顿时觉得一切都值得了。我这么努力还是有朋友懂得的,有这么一个人就好了。

朋友成群,真不如知己一人。我们的心就那么大,装不下太多的人。所谓朋友遍天下,相信绝大多数都是泛泛之交,是生命中可有可无的点缀,只能同享乐不能共患难。

人生苦短,没必要把太多人请进生命里。为了维系经营一段关系,有事就随份子,没事就赶饭局,"醒时同交欢,醉后各分散",这无疑是在浪费自己的时间和精力。与其这样,不如把最好的脾气、最好的沟通,给真正的朋友。这样你最糟糕的情绪、最难过的事都有朋友跟你分享,会设身处地为你出谋划策,而不是简单地敷衍两句甚至泼上一盆冷水。

钱钟书说过，在他通晓的几国语言里，没有比中国古语所谓"素交"更能体现友谊的精髓。素是一切颜色的基础，也是一切颜色的调和，就像白日包含了七色。真正的友情，看来淡，关键时刻却是浓得化不开。

《老友记》是一部美国电视情景喜剧，故事以生活在纽约曼哈顿的6个老友为中心，描述他们携手走过的10年风雨历程。其中，钱德勒跟乔伊的友情最让我喜欢。钱德勒是职场精英，乔伊是没有固定工作的演员，但乔伊从没眼红过钱德勒的高收入，钱德勒升职的时候乔伊比他还要高兴。而钱德勒在乔伊失业的时候和妻子莫妮卡说，我们以后买房子，要带杂物间，这样可以让乔伊在那里养老。

时间总是如大浪淘沙，淘遍生命中的匆匆过客，过滤掉那些无关紧要的人和事，剔除了功利和面子的因素，留住了那些真正志同道合的朋友。不必把太多可有可无的人请进生命里造成心灵的拥挤，你的精力无法承载那么多人，那些人也从来不在乎你的感受。

出卖朋友取悦他人,这种事不要做

那天我在电影院等电影开场,突然一个女生A气势汹汹地冲过来,质问坐在我旁边的女孩子:"你为什么宁肯一个人看电影,都不找我!你是不是不需要我这个朋友了?"

"朋友?你也知道你是我朋友呀?是我朋友,你怎么会为了跟××交好,把我的事告诉别人?我不需要你这种所谓的朋友,我不想再被出卖。"坐我旁边的女孩说完就坐下了,低头玩手机,不愿意再搭理女生A。

女生A说了一句"你会后悔的",就跑着离开了。坐着的女孩没有抬头,但掉落在手机屏幕上的泪出卖了她的在意。

我给她递了一张纸巾,她随口问:"你说我会后悔吗?"

"不会。朋友不必要带来利益，但是至少不应该带来伤害。"我说完，女孩抬头看了我一眼，带着泪的脸忍不住嘴角上扬。

女孩说她跟女生A是很要好的朋友，从小一起玩到大，相约以后要一起变老。造成今天这种局面，是因为上个礼拜，她们俩因为一点小事发生矛盾，这种情况之前也经常发生，过两天就好了，她也没在意。

但过了两天，她零零碎碎在别人口中听到了很多关于自己的事，包括自己为某个男孩做的傻事，包括她说的一些关于公司的坏话，等等。

听到这些时，她知道是女生A散布出去的，因为这些话她只对她说过。她跑去质问女生A为什么要将这些话跟别人说。

"跟你吵架我很难过，觉得要失去你这个朋友。我很需要朋友，所以我就跟别人说了我们的事，这样我又有朋友了。"听了女生A的解释，她知道她们俩的友情彻底结束了，因为跟朋友闹矛盾不高兴，就可以将朋友的秘密说给其他人听，就可以出卖朋友来取悦别人，这样还是朋友吗？

我曾听过一个这样的故事，一个人，他养了条很名贵的狗。"灵气逼人"，这是几乎所有朋友对这条狗的评价。狗可爱又温

顺,有一次,全靠它的机敏和忠诚,救了差点溺水的主人儿子一命。

每当主人拖着疲惫的步伐从生意场回家,狗总是兴奋地扑上去,软软的舌头舔呀舔,翘动的尾巴摇来晃去。主人把狗当成了家中的一个成员。

有一次,他急需一笔资金周转。很凑巧,有个黑龙江的客户见了他那条狗,喜欢得不得了,愿意出10万元买下。这可是当初他买回狗的价格的三倍还要多呀!他犹豫了。狗已经成了家庭的一个成员,分出去就像分出一个小孩一样难受。该不该卖呢?

终归是条狗,现在急需钱呀。他狠心地这么想,还是将狗卖了。一手交钱一手交狗的那一刻,他不忍,甚至说不敢看狗的眼神。

卖掉狗后有好一段日子,他的心空荡荡的。梦里梦见狗又回来了。

过了一年,他趁着去黑龙江谈业务的间隙,特意去那个客户家看看狗。然而,他失望了,狗看都不愿意看他一眼,当他不存在。

第二天,客户约个饭局,专门带着狗出来。他蹲下身,笑眯眯像当年一样要摸摸时,狗躲开了。他很难过,良久都不说话。

看到这状况，客户语气很冷静："如果你把狗当作商品，转手多少次都没问题，价高就出手。但是，如果你把它当作家人，多少钱都不该卖。你会为了钱卖掉家人吗？"

他心头一震，狗也是有灵性和自尊的，它认定成为你家中一员后，就绝对不希望被卖掉。

出卖，连狗都不愿意理你，何况是人呢？

让人舒服,是最顶级的人格魅力

"君子如玉,触手可温",一个让人感觉温暖、舒适的人,是我们最想结交的人。这样的人心里总是装着别人,与之相处,如沐春风。

让人舒服的人一定是细腻而聪明的。他们做事讲道理,说话有分寸,也许只是一个眼神与举动,就可以让人感觉到暖意。他们能把每一句话都说到人的心里去,化解问题于无声处。

让人舒服是两个人友情深入发展的必备条件,只有让别人感到舒服,别人才会没有负担地与之交谈并进一步接触,展现自己的全部。

在生活中,有两种截然相反的人。

一种人生怕别人舒服，尽量让别人不舒服，而只要自己舒服就行；还有一种人生怕别人不舒服，尽量让别人舒服，哪怕委屈自己。

我问一个做猎头的朋友，年薪高低的人有何不同。他说，在交往中，越是高薪的老总越让人感觉到舒服。

朋友说，跟千万年薪的老总谈，谈上两到三个小时，无论我说的话是酸甜苦辣，他们都能把每一句话平缓地接起来回答，从不让一句话落地或磕碰，让人感觉非常舒服。

地产商冯仑跟我这个猎头朋友有相同的感受，他在《近距离察看李嘉诚如何请人吃饭》一文中，记录了李嘉诚接待马云、郭广昌、冯仑等长江商学院几十个学生一起吃饭的过程。那次见面让冯仑彻底颠覆了他对大人物的看法，让他相当感慨，得出结论，李嘉诚能够成为超级富豪不是偶然的，他的软实力非常人所及。冯仑在文章中说——

首先是电梯迎接环节。电梯刚一开，长江顶楼，70多岁的大哥李嘉诚站着跟所有人握手，这样的开场很不一样，让所有的人有点愣。其次一见面大哥先发名片，而且发名片还给对方递过来一个盘子，递盘子干吗？抓阄，盘子里有号，拿名片顺便抓个

号,这个号决定你吃饭的时候坐哪桌,避免到时候这些同学为谁坐1号桌,谁坐2号桌,心里有想法。照相也根据这个号,站哪就是哪,避免了大家的尴尬,也不会让大家心里有多余的想法。

吃饭的时候也是,为了照顾到每个人,李嘉诚不固定在一个桌子吃饭,一个小时的吃饭时间,他四个桌子轮流坐,而且几乎都是15分钟,这样每个人都能有与之交流的机会,不会因为谁坐得距离他近而多一些聊天时间。

吃饭结束之后李嘉诚也没先走,而是逐一跟大家握手,在场的每个人都要握到,就连墙角站着的服务员,李嘉诚也要跑过去特意跟他握手。

整个会面过程,李嘉诚考虑到了每个细节,而且每个细节都做到了让人舒服,照顾到了每个人的情绪和想法,不会让人心里产生隔阂和不悦。

我们公司食堂的刘大姐非常受人喜欢,年年评优秀时,她都是得票数最高的人,每个人投她票的理由几乎都是"跟她相处很舒服"。

这句话一点都不假,不管你什么时候见到刘大姐,她都是一脸笑容。每每听到食堂里吃饭的员工有的因为工作忙而抱怨上一两句,刘大姐也是乐呵呵地安慰道:"忙好,忙才说明你有价值。"

有人抱怨孩子不听话,刘大姐笑着接话:"孩子都这样,小时候不听话,长大了就懂事了。"

久而久之,去食堂吃饭的人都愿意跟刘大姐聊上两句,多坐一会儿。偶尔我们也会好奇,问刘大姐自己有没有烦心事,是怎么做到每天都这么开心的。

"烦心事,哪能没有呀?我不说,只是因为,用你们年轻人的话说,叫传播正能量。有句老话说,人生不如意事十之八九,多看那十之一二才好。"听了刘大姐的话,我们好像找到了她让人相处舒服的原因,那就是她善于控制自己的情绪,永远都是正能量满满。

刘大姐说得对,烦心事谁都有,就看我们怎么对待。有些人,总是看到事情最坏的一面,少了发现美的眼睛,所以总是负能量满满。跟这样的人相处会有压力,看他情绪不佳,本想好好安慰,但耐心听完他倾诉,自己的心情也会变得很糟糕。

有些人总能看到生活中美的一面,不会去惦记自己没有的东西,而常欣赏自己拥有的东西。这样乐观、积极、向上的人,充满热情、希望与信念,带有正能量磁场,会让跟他们接触的人感

受到快乐、信任、力量。

每个人都有自己的难处,我们只想找个相处舒服的人在一起,不求对方多才多艺,也不求对方有多么幽默有趣,只要在一起沟通交流,彼此舒服、轻松自在就好。这样的朋友,得到了就要珍惜。同时,自己也要努力成为让朋友觉得舒服的人。

我好好踢你,你好好说话

有人说,朋友是那个懂你欲言又止的人。在我看来,真正的朋友是那个能提醒你"多言要止"的人。要做到这一点很不容易,首先这个朋友要足够了解你,了解你的性格以及说话的方式;其次这个朋友要为你豁得出去,才敢在你侃侃而谈的兴奋之际,提醒你不要再说了,不能再说了。因为朋友心里清楚,让你不满可以,但不能让你说错话,"祸从口出""言多必失"的惨痛教训,朋友不想让你经历。

一辈子我们总能遇到这样的朋友,难的不是遇不到,而是留不住。想想,当你侃侃而谈,马上就有不当言论脱口而出时,朋友踢你一脚以警醒你及时闭嘴,可你却叫嚷着说"你踢我干

吗"。场面何其尴尬,你的情商又何其缺乏。

情商高的人会正视朋友的善意提醒,及时控制住自己亢奋的情绪,终止继续表达的欲望,最后检讨自己做得不对的地方。这才是最佳应对之策。

麦巴是日本一位资深老艺术家,他最后一次告别演出晚会,很多学生及亲朋好友前来观看。演出前在后台也聚集了他一些非常要好的朋友助阵,这里边有大名鼎鼎的松下。

当麦巴准备上场时,坐在一旁的松下先生提醒他说:"麦巴先生,你的鞋带开了。"麦巴先生说了一声:"谢谢。"并蹲下身去,把鞋带系好,然后走向舞台。走出后台后,麦巴先生又蹲下了身子,把鞋带重新解开。

一个一直在麦巴先生身边的学生感到大惑不解,请教麦巴:"麦巴先生,你刚才为什么把系好的鞋带解开呢?"麦巴先生答道:"我今天演出的节目主题叫跋涉,解开鞋带是为了戏情的需要。"学生又问道:"既然是这样,那为什么刚才松下先生提醒你时,你把鞋带系上呢?"麦巴先生认真地说:"在我们的一生中,能得到别人的提醒是多么不易。在遇到问题时有人在一旁提醒我们,让我们少走弯路、少犯错误,这是多么值得珍惜、多么幸福的事啊！哪怕他的提醒是错误的，也要感谢他。如果我当面否决了他的建议，很有可能会让他陷入尴尬，而我接受他的建议，只是多弯两下腰而已，就当是锻炼一下身体吧。"

在别人善意地提醒时，有些人常常不屑一顾，甚至会很不开心。而别人看到他如此拒绝提醒，以后再发现他的不足之处时就很可能不发一言了。

人最难发现自己身上存在的问题，如果没有旁人的提醒，极有可能问题会始终存在。这无疑不利于成长进步。

今天互联网的便利，让交朋友仿佛成了一件非常简单的事，我们只要打开社交网站，把别人的名字加在自己的朋友名单上，就可以交到几百甚至上千个"朋友"。不想要这个"友谊"吗？把他的名字从名单上删除就行了。不过这种没有在行动上付出过关怀，在言语上进行过深层沟通，在遇到困难时互相帮助过的"朋友"真的是朋友吗？

一位40多岁的妇人在一个知名的社交网站上留言，说她准备自杀。显然她很想有人关心她。虽然她在网站上有超过一千个"朋友"，但没有一个人问她遇到了什么想不开的事。第二天，警察发现了她的遗体，她因服食了过量药物而死亡。

这个妇人的遭遇很好地回答了上面的问题,也说明了一个可悲的事实,如今很多人都找不到真正的朋友。虽然现代人的社交活动比以前多,社交渠道比以前丰富,但拥有的朋友却比以前更少了。

跟朋友沟通交流,朋友说得对的地方,你要称赞、鼓励;朋友有些地方做得不好时,你一定要主动提醒他。真正的友情牵涉付出,真正的朋友会关心你,会在你需要帮助时不遗余力,会在你做得不对时善意提醒。

当然,这样的付出应该是双方面的,你希望自己的朋友可以为你豁得出去,你也得有让朋友愿意为你这样做的态度。当朋友"踢"你时,你不会不满,不会愤怒,而是真心接受提醒,并且改进,这样,朋友才愿意在发现你的不妥时,善意地再"踢"你一次。

PART 5

与同事相处,要先说好话才能办好事

　　同事是一种远离亲人与朋友的存在,他们与你羁绊相交,却没义务感,随时可以离开。同事以共同利益相捆绑,以同做好一些事为纽带,因此,同事间的相处要存好心、说好话,方能办好事。

学会认可别人，会事半功倍

生活中，沟通占了70%以上的时间，同事之间尤甚。同事，顾名思义是共同去完成事务，以完成事务为最终导向，因此沟通的好坏直接影响事务的完成结果。有人认为同事之间的沟通可以简单直接，只以事务为纽带，可以不在意人。但要知道，事务是人去做的，没有对人的沟通和认可，事务是能完成，但有可能会事倍功半。

共同去做一件事，我们每个人都有自己的见解，难免忍不住要去插手和插嘴。你以为自己是好心提意见，殊不知你已经入了别人的黑名单。一个不懂得认可别人的人，他提出的意见能有多好呢？认可他人才可以得到别人的认可，就某种意义上说，认可

他人就是在肯定自己,"赠人玫瑰,手有余香",你认可他人,留给别人的印象是你豁达的风度,以及睿智的自信。

如果你到杭州去岳坟参观,就会看见岳坟前面跪着的五个人物雕像。其中一个人物雕像的原型是张俊。张俊是南宋战功卓著的名将,是岳飞的老长官。那么张俊是如何从岳飞昔日的长官,最后成为在岳飞墓前长跪的罪人呢?

岳飞比张俊小17岁,开始在张俊手下时,张俊特别赏识他、关心他、提拔他。岳飞独领一军时,由于作战勇敢、纪律严明、指挥若定,成为南宋升迁最快的将领。据史料记载,岳飞对张俊非常敬仰,利用作战间隙先后给他写了30多封信,表达自己的感恩、倾慕之情,并派人送了很多礼物,张俊礼物照收,信却未回过一封。

因为当时的张俊对岳飞没了认可,他觉得岳飞能有此成就凭的是运气,他把岳飞对自己的感恩和倾慕视作理所当然,甚至觉得要是自己有这样的机会跟运气,会更成功。张俊的心理失去了平衡,嫉妒之心越陷越深,最后把私人的仇恨带到了民族和国家的利益中,成为陷害岳飞的主谋秦桧的帮凶,把昔日的部下送上了风波亭。由此,张俊成了千古罪人。

同样是南宋名将,两人却走出了迥然不同的人生轨迹:一个流芳百世，让后人景仰；一个则被铸成铁人，一跪千年。历史以及诸多现实的经历告诉我们，在一般情况下，认可他人、赏识他人并不难，也许是三言两语、举手之劳的事情。但在同事、上下级、生意场上等有碍颜面和利益纠葛时做到认可他人，并不是一件轻而易举的事，需要具备大胸襟。

前几天，朋友慧慧跟我说起一件事。

慧慧和几个同事中午吃饭时，其中一个同事D说她想学习化妆打扮，问问大家有没有好的书或者网站什么的推荐。

同事E在化妆方面有点研究，于是就推荐了一个觉得适合D的微信公众号。谁知这时同事F直接来了句："这个公众号也就小白看看，没什么价值。一群刚毕业的大学生懂什么？她们是不懂装懂，自己打扮出来能不能见人还不一定呢。"

然后D就问："那你觉得什么公众号比较适合我呢？"

F直接说道："看什么公众号，化妆打扮这件事得自己多试，折腾多了就会了。你看我，就从来不看公众号，照样打扮得很好，没人不夸我的。"

慧慧跟我说，F把这话说完后，大家就都不说话了，但是，也就是在那以后，吃饭时大家都很默契地不再叫F了，能躲多远躲多远，都不想听她那张嘴说话。

慧慧说道，穿衣打扮本就是仁者见仁智者见智的事，F那么不屑人家难免显得自己咄咄逼人。

我也同意慧慧的看法。

为什么认可别人的能力就这么难呢？这就是所谓的酸葡萄心理，吃不到葡萄就说葡萄酸，仿佛只要自己不去认可别人，自己跟别人的差距就不存在了，自己也是一个人物了。

可这一切都只是自欺欺人而已，而且还会让自己陷入越来越糟糕的境地。没有人喜欢听不好听的话，这是人的天性，跟天性作斗争，赢的机会不大。表面上说别人这不好，那不好，其实都是内心深处的自卑在作祟。一个极度自卑的人，是无法面对别人的成功而予以认可的，因为他认为这么做意味着对自己的否定，意味着把自己的无能赤裸裸地暴露在大家面前。

总而言之，一场高效的沟通，关键在于人与人之间的和谐，而要达到人与人之间的和谐，认可他人、赏识他人必不可少。

能用表情包解决的就不要说脏话

随着网络社交的盛行,表情包仿佛成了线上沟通的必需品。

从感情层面看,一个小小的表情包能够表达出文字所不能表达出的含义;从理性层面看,表情包也满足了大多数人在日常交流中的刚性需求,消除了文字容易造成的歧义误解,弥补了语言表达的生硬跟直接。表情包很好地中和了文字跟语言表达的不足。

网上聊天缺乏现实生活中我们习以为常的语境和面部表情、语调、讲话停顿等情绪暗示。对此,使用表情包就很好地解决了这个问题。表情包能起到暗示情绪的作用。巧妙运用表情包可以准确传达讲话者的心情,不会产生社交误解,导致气氛变得紧张

尴尬。

网络是同事之间常用的沟通渠道，同事之间的相处，近也近不得，远也远不得，表情包刚好不远不近，既能活跃氛围，又能表达情绪，沟通起来会更愉快。

前几天，我和一个"00后"的同事就一个方案进行最后的沟通商讨。我不同意他的观点，他则迅速连发一串表情包回击我。第一个是演员许亚军撇着嘴一脸怀疑的表情，这个截图来自国内热播反腐剧《人民的名义》。

第二个表情是一张网上流行的恶搞图片，图中女孩四肢瘫软，脸上透着夸张的愤怒，紧接着下一个表情是一只画了卡通眉毛的橘猫图片，上面加了一个"哼"字。最后还给我发了一个傲娇宝宝脸的表情。尽管这些表情包明显是在闹情绪，但都没有表达真正的怒意。相反，他是在用一种委婉的方式表示："你为什么不同意我呢？"

看到这些表情包，我欣然一笑，本来还因为他有点不尊重我这个领导而有点不开心的情绪烟消云散，将我不同意的原因一点点告诉他，他也表示认可，最后给我发了一个韩国可爱小女孩权律二笑得很开心的表情。就这样一场你不爽我不悦，差一点吵起来的沟通，因为几张表情包和谐地结束了。

试想一下，如果是通过语言直接进行沟通，当你的属下直接对你提出的意见表示不满情绪时，你是不是会生气？最后两人的沟通只剩下用尽全力意图说服对方，甚至会导致脏话出炉。如此，不仅问题得不到解决，还有损彼此的脸面情分。

表情包之所以能够大范围地传播，就是因为其弥补了文字交流的枯燥和态度表达不准确的弊端，有效地提高了沟通效率。

表情包是人际交流的缓冲带，充当了一个传声的第三者角色，有助于使用者规避对自己言论应负的责任。比如，"你怎么不去吃屎？"这句话如果直接以文字发送给他人，具有明显的攻击性，而通过一个表情包表达出来，就会明显降低原话的攻击性，因为说话的主体已经从"你在说"变成了"表情包在说"。同时，表情包本身诙谐有趣自带开玩笑性质，让彼此的沟通进退自如。

再举个例子。当你准备休息时，可以用表情包结束对话。如果是亲密的朋友，或是情侣，仅仅说一声"晚安"，似乎太敷衍了。相反，如果发一个红着脸躺在床上的人，再配上一句挑逗的文字——"好困，我先睡啦。我房门没关哦！"不仅能有效终止对话，而且还强调了双方的亲密关系。

还有当你不想说话的时候，心情不好，但是有人又来找你聊

天,你可以发个表情包拒绝,这样既不尴尬也不会影响自己的心情。特别是那种不懂得拒绝别人的人,在被要求帮忙又不好开口拒绝时,那么用表情包开启拒绝模式准没错。

因此,很多人把表情包当作一种保护膜,平时文字不容易表达的内容,都用表情包代替。

比如,平时很少说出口的肉麻话"我超喜欢你""睡个觉都是爱你的形状"等,也都做成了表情包并在网络沟通中经常被使用。

有人可能会觉得奇怪,明明是文字干吗不直接发,而是要发个纯文字的表情包?这是因为我们在发一个表情包的时候,我们是在作"引用",也就是说,当发这条文字表情包的时候,我们是在引用别人的想法,等于向对方说明:"这是所有人的想法,不是我一个人这么说的。"所以,收到你的表情包后,对方更容易接受,沟通氛围更和谐。

人前不应该说的话，背后也别说

语言是上天赋予人类特有的天赋，是人作为高级动物与其他动物最本质的区别。对常人而言，说话似乎是一件挺容易的事，张口就能来。情理是这样的，但道理却不是这样的。中国语言学家曾经说过："说话是最容易的事，也是最难的事。最容易，因为三岁的小孩也会说话；最难，因为最擅长辞令的外交家也有说错话的时候。说话比写文章容易，因为不必查字典，不必担心写白字；同时，说话又比写文章难，因为没有精细考虑和推敲的余暇。"我们生活中的每一天，离不开说话。说话，是人们交流思想、交流感情最重要的工具。但是，话不可以乱说，也不可以多说。

老曹作为公司的老员工,十多年来一直兢兢业业,年终大会评比时,他一心以为自己会被评为优秀员工,但最终竟然没评上。不悦的老曹约上三两同事去饭店。吃饭喝酒的时候,老曹的嘴巴一直不停,表彰完自己工作的辛苦跟敬业,接着批评公司的企业文化和制度,到最后升级为指责老板识人看人有问题。

到此刻,同事们仿佛知道了,为什么老曹年年都评不上优秀员工。因为老曹没有把握好说话这门艺术,由着自己不满的情绪,该说的不该说的他都说,他与旁人建立起来的沟通不仅无效而且还留下了巨大的隐患。批评公司跟老板,这些人前不能说的话,人后也不能说,可老曹不管不顾。话说出去之前,你是话的主人;话说出去了,主人就不是你了,而是那些听到你这些话的人。试想老曹说的这些话一旦传入老板耳中,别说评选优秀员工了,能保住工作就算不错了。

俗话说:"宁在人前骂人,不在人后说人。"没有完美的人,人人都有缺点,别人有缺点、有不足,你可以当面指出让他改正,但千万不要当面不说背后乱说。这样的人,不仅会令被说者讨厌,同样也会令听者讨厌。

做好自己的事,管好自己的嘴,不要在背后说三道四。没有不透风的墙,终有一天你所说的那些话会传到被说者的耳朵里,对他造成的伤害是你难以想象的。

　　活一辈子，说一辈子，说话难，难在言语之间，让人心服口服。语言，可以是武器，挑起充满硝烟的战争；语言，也可以是诗歌，唱颂把手言欢的和睦。

共同做一件事,不要共同说一件事

有句话说,想跟女人结成联盟,最好的手段就是一起聊八卦。我初入职场时,信奉此说,为了跟旧同事搞好关系,让她们尽快接受我这个新人,我就和她们大聊特聊八卦。女人聊八卦是越聊越兴奋的,从明星的八卦,到同事的八卦,最后到公司老总的八卦,我们总是互相交流着彼此打探到的小秘密,乐此不疲。

三个月实习期已到,需要通过投票决定我们三个实习生中谁最终留下。我当时以为自己稳操胜券,因为我跟她们已经默契地达成了联盟。可没承想,我却是那个投票支持数最少的。看到票数时,我是不能接受的,闹到了人事总监处,要求唱票,求公正。唱票结束后，当赤裸裸的真相摆在我面前，我百思不得其解。

"因为她们害怕，害怕留下你，有一天她们会成为你的八卦对象。"看到我的失落，人事总监给了我一个解释，并且告诉我，早知道这一点对我的成长发展只有好处，因为聊八卦这种无效的沟通，不仅会耽误我的工作进程，还会影响同事对我的看法，认为我就是那种以讹传讹、爱搬弄是非的小人。

经过这次教训，后来我参加工作，跟同事之间始终保持着礼貌的距离。我们可以聊天侃地，分享化妆品和包包，但不能分享对同一件事尤其是公司内部事情来自心底的看法。这样的距离，让我和同事之间的相处很是舒服，她们对我的印象也不错，认为我是一个很公正的做正事的人。我们每一次的沟通交流都直切主题，工作效率自然高。

当然，职场竞争的异常激烈，使得职场人要想在职场中游刃有余，仅靠自己的个人形象以及工作成绩，是完全不够的。在注重个人内外兼修的同时，还应该善于经营人际关系，注意为人的口碑，确保自己可以在与同事的交往中做到游刃有余。职场友谊，是一个很容易被人忽略的因素，有分寸地处理好职场友谊，在关键时候，是可以给职场人一个成功的支点的。

要做到这一点,有几个雷区是千万不能碰的。

第一个雷区就是不泄露个人隐私。要是同事能将自己的隐私信息告诉你,那说明同事对你有足够的信任,你们之间的友谊超出别人一截,那么不泄露同事的秘密,对得起对方的信任,才能保持可贵的职场友谊。

第二个雷区是闲聊应保持距离。在办公之余,同事之间在一起闲聊是一件很正常的事情,但闲聊是有尺度的。聊足球可以,聊同事的恋情不可以;聊电视剧可以,聊同事的家庭史不可以。

第三个雷区就是远离搬弄是非。流言是职场中的"软刀子",搬弄是非,会让同事对你产生避之唯恐不及的感觉。要是到了这种地步,你在公司的日子就不好过了。

很多人觉得公司前台只要漂亮就行了,因为她是公司的一张门面。这种看法未免肤浅了。前台是一个非常重要的工作岗位,她了解公司每个员工的行程情况,她稍微透露的信息,对有些人而言就是无妄之灾。

有一段时间,总经理助理每天都很忙,自己忙着出门,也有人忙着找她。有人说这是公司有变动的迹象,也有人说这是助理的私人恩怨,猜测很多,但想进一步了解都是无解。

这件事最终以总经理助理离职结束了,原因是她招惹上了一个有妇之夫。其实这些情况前台晓丽都知道,因为有恐吓信寄到公司前台,但晓丽选择了不八卦、不好奇。因此,总经理助理离职时,给老总推荐晓丽为自己的接任者。

该叫阿姨的叫姐，该叫姐的叫美女

同事之间的称呼，有时候让我们无所适从。称呼近了有一种无故拉关系讨好的感觉，称呼远了又显得生疏不好开展工作。尤其是现在的职场从业人员从"60后"跨越到"00后"，每代人都有自己称呼人的方式，要找到这其中的共同点，让对方接受并喜欢，不是一件简单的事。

由周润发主演的电影《华丽上班族》，讲述了一个刚刚步入社会成为上班族的年轻人，莫名卷入一场公司利益博弈的故事。在电影宣传会上，谈及职场生存话题，几位已经成为所在公司中层的嘉宾纷纷拿出了自己的锦囊。有职场正能量导师之称的智立方董事长杨石头，在解答职场新人如何顺利适应职场时，奉赠六字箴言——"嘴甜""腿勤""腰软"。

嘴甜即说话要在真诚的前提条件下，让人听着舒服、听着高兴。在职场中，一句好听的话能避免很多不必要的麻烦。

腿勤即工作中要适当勤快一点，职场新人在没有经验做优势的前提下，勤快绝对能让你提高职场印象分。

腰软即待公司同事谦卑一点、低调一点。毕竟是刚入职的新人，不管你之前有多大能耐，在新公司你都是新人，保持谦卑的姿态，能让同事快速接纳你。

每个人到新公司入职报道的第一天都是充满尴尬的，看着其他同事忙来忙去，自己却一点忙都帮不上。遇到这种情况，不妨先观察一阵，然后挑选工作过程中说话最少的人与之交流，因为说话最少的人要么是日常不受同事关注，存在感很低，要么就是性格高傲不愿多与别人交流，不管是哪种原因，这类人都喜欢听好话，以这类人作为沟通突破口较简单。

称呼自然不用多说，怎么叫显得年轻，怎么叫凸显美，就怎么来。"姐"比"阿姨"让人听着舒服，"王美女"比"王姐"招人喜欢。搞定称呼后，在对方不反感的情绪下，就可以夸他的工作很重要了。工作最主要的是价值体现，一旦你说了对方工作

重要,他的自豪感会油然而生,话匣子自然会打开。

两个人建立交流后,你不仅不是闲人一个了,还能初步了解到公司的情况,方便快速融入公司。

当然有些人会说,虽然嘴是甜了但没说到点子上,对方依旧没有跟我聊天的欲望怎么办?

不要着急,所谓"良言一句三冬暖,恶语伤人六月寒",你嘴甜会说话,别人至少不会讨厌你,你能给对方留下不错的第一印象,后续的工作开展会轻松很多。要知道如果留下不好的第一印象,可能很长时间也不能转变,这就是所谓的偏见。所以新人即使再腼腆,见到同事也要打声招呼。什么事不懂怎么做就主动问,姿态放低一点,嘴甜一点,而且记得跟人多表达一下谢意。

职场上,我们会发现一个有趣的现象,默默无语、不善言谈的人多数是企业普通职员,嘴巴很甜的人多数会成为公司中低层管理员,而那些口才出众的人却是企业中高层。能成为企业的重要一员,成功的原因当然有很多,但"嘴巴不甜,话不会说"是阻碍我们走向成功的一个重要障碍。

在职场上,人与人之间关系微妙,好事、坏事往往都是从嘴巴和舌头开始的。我们开心时往往"大嘴巴",不公平时往往

"嚼舌头"。其实,职场上没有人不喜欢听"甜言蜜语",对同事、领导嘴巴甜一点,舌头巧一点,多一句问候,多一点赞扬,才能使自己的职业道路越走越顺畅。

你关心别人的样子,真让人不爽

在职场中,相互帮助、相互关心是同事之间应该做的,但这种关心不包括自以为是的关心。

比如,有时候我中午感觉不饿,加上天气又热,就决定不去吃饭了。结果偏偏这个时候有个同事过来表达关心,但是张口却来了一句:"你又减肥啊?"我的面子一下子感觉到了伤害,心里默默对对方说:"咱能不能换个关心人的句子?说前能不能先组织好语言?"

类似这样的关心还有很多,如前一天没睡好,第二天类似于"怎么了?跟丈夫吵架了?跟丈夫吵架也不能输"等关心的言论就来了。你还不能驳了人家的好意,因为人家打着关心你的旗号。你只能微笑着跟他解释不是这样的,对方还不信,非要再次关心你一下:"不要怕,有什么跟我说,我这也是关心你。"

是的,这样常常打着"关心"的旗号,以关心人的名义去打探别人的隐私,干涉别人的生活,以打击别人的自信为乐趣的所谓同事之间的关心,我们真的不需要。

张成通过按揭购买的新房拿到了钥匙,特别兴奋,熬了两个通宵,他设计出了一套房子的装修方案,一下班就拿着方案和效果图准备赶往女友家,想和女友商量后尽快施工。

刚走出公司大门,就被同事徐杰叫住了:"张成,蹭个顺风车,捎带我一下呗。"

"杰哥,今天恐怕不行,我不回家,要去女友家,给她看装修图纸。"张成说明了缘由。

"刚好!走呗!我帮你参谋参谋去!"张成话音刚落,徐杰就兴奋热情地表明了态度。

张成不好意思继续推托。就这样,两人走进了张成女友家。

一进门,张成先把女友介绍给徐杰,大家寒暄了几句。张成拿出设计方案和效果图,认真地给女友讲解起来。讲解完后问女友:"怎么样?是否体现了你的设想?满不满意?"女友看着设

计效果图沉思着,徐杰却立马指着图开了腔:"张成,一进门玄关处可以做一个挂包包跟帽子的,这样……餐厅这里不能这样,还有卧室……"

徐杰说得很细心,几乎面面俱到,不时还要强调一遍。

张成脸色已不像刚才那么自然,时不时还会撇一下嘴。徐杰说得有些口干舌燥时,才发觉一直只有自己在说话,气氛怪怪的。其实张成心里早就对徐杰有看法,只是因为年长几岁的徐杰,在自己进公司时给予了一些照顾,才克制着一直没表露出来。

刚进公司时徐杰确实是对张成提供了很多帮助和关心,但日子一天天过去,张成早已不是一开始的"生瓜蛋子"了,但徐杰将对张成的"帮助和关心"当成了一种习惯,不论什么事情,只要碰到,他都要滔滔不绝地把自己的意见讲出来,口气还"确定"得有点过火,这让张成很不舒服。特别是领导和同事在场的时候,张成对徐杰的这种"指导"更是十分反感。

就像今天这件事,张成真的很窝火。

张成的女友不知道这其中的弯弯道道,直接对徐杰表达了不满,徐杰当场甩脸走人,最后弄得两人的关系尴尬不已。

生活中，类似的事情时常发生。我们播种善意的种子，未必每一次都能收获美好的果实。对朋友过度关心其实也是一种伤害，这种因善意产生的伤害，虽不尖锐，但却让人心里很不舒服。如不注意，久而久之必将损伤彼此之间的情谊。

如果过分关心别人，把别人盯得死死的，会让别人觉得你不信任他，有种被监视、被束缚的感觉。所以，要给别人留有空间，适度的关心才能让别人感受到你的善意。

知道的不要全说，听到的不要全信

关于职场到底有没有真朋友的争论从没停过。反对的人说，"职场没有朋友，只有利益"。

赞同的人则说，"有缘分、'三观'合的人在哪都能成为朋友"。真是公说公有理婆说婆有理。

电视剧《我的前半生》里职场达人贺涵直言不讳地说过："你来工作，是来赚钱的，不是来交朋友的。如果能交到朋友那是惊喜，交不到朋友那才是正常的。"可是，同事是我们每天需要花三分之一时间与之相处的人，能成为朋友自然是一件高兴的事，不能成为朋友至少也不要成为对头。

工作一方面是实现自我价值，另一方面是通过劳动换取报酬，同事之间只要能维持基本礼貌、工作上沟通顺畅就好。职场虽然有别于校园，但也一定有与你投缘的、能做朋友的人，同样也有与你性格不太合的人，我们要做的就是尽量与之都保持良好关系。要做到这一点，就要做到知道的不要全说，听到的不要全信。

一般大公司很忌讳多嘴的员工，哪怕你再渴望跟人交流，都请你在关键的时候闭上自己的嘴，遏制住超级想表达的情绪。如此才能赢得别人的喜欢，在公司守住自己的一席之地。

玲儿是个活泼开朗的姑娘，刚到公司时大家都很喜欢她。她每天都带着笑脸，会跟每个人聊天打招呼。久而久之，大家有事没事就会跟她说上两句。接连一个礼拜，总经理助理每天都要加班，她忍不住跟玲儿抱怨了两句："公司上面一动，我们下面就忙得要死。这次估计是肖总监上位，他最近找总经理次数很多。"

下班时玲儿在电梯里遇到了肖总监，她提前说了一句"恭喜"，并且将总经理助理的话原封不动地告诉给了肖总监。对方当即表示了感谢，说自己这些年的付出总算是值得了。

一个月过去了，玲儿都忘记这件事了。那天刚到公司，公

司就吵得沸沸扬扬。原来是因为调令一直没发下来,肖总监着急了,跑去问总经理助理是怎么回事。刚巧被总经理听到了,认为肖总监不务正业,每天想着升职加薪的事,当即对他进行了批评教育。

肖总监表示不满,说他自己从来没有这个想法,是总经理助理的话让他有了希望跟想法。这样一来二去,总经理当即对两人都进行了批评。助理没有说什么,却从此对玲儿有了看法并多了一个心眼儿。

在与同事的相处中,稳重的心态很重要,不论是领导交代的事还是同事间的流言,都不要多嘴传播出去。嘴巴紧点比什么都重要,牵扯到公司的重要事情尤其要注意。玲儿就是没有做到稳重,听了助理的话后第一时间告诉了肖总监。当然肖总监也不稳重,听了玲儿的转述相信了就算了,在结果还没到来之前还去质问,这么低的情商和情绪控制力,就算总经理有意提拔,估计在高位上也待不了多久。

同事之间的交流,分寸很重要,除了工作上知道的话不要全说,个人私事也不要多说。要知道,主动诉苦只会让同情你的人可怜你,讨厌你的人嘲笑你。职场本就是充斥着流言、八卦的场所，每个人的信息或多或少地在流传；当你主动倾诉私事，你的私事很可能就会变成大家的话题，不管你的事是好是坏，总会有人对你有负面评价。

况且，没有人愿意成为别人的情绪垃圾桶。当你抱怨一些事情时，在有些人眼里，你就成了负能量散播者。没有一个管理者喜欢散播负面情绪的员工。你主动透露出来的私事，常常会让管理者重新对你进行评价，而这种评价往往不利于你职业的发展。尤其是在跟领导沟通中回答领导提问，千万不要推心置腹。记得对方是领导，你是下属，不要什么话都说出来，也不能都信。

周鹏是企划部负责人，公司的一场活动需要市场部的配合，因为活动是在周末进行，市场部的人抱怨连连，表示不配合。因为是其他部门的人，周鹏不好直接进行管理，便跟市场部经理反映了这个情况，对方很爽快地答应配合。

"你放心，我已经交代下去了，谁不配合谁就给我滚蛋。这帮兔崽子我早就想收拾他们了。明天的活动你尽管给我操练他们，谁不听话我就收拾谁。"听了市场部总监信誓旦旦的话，周鹏信了。

结果，市场部的人说总监只是让他们配合工作，所以有些不

在他们工作范围的任务他们拒绝配合，从而导致活动当天，由于人手不够，周鹏又忙又急。不仅如此，最后周鹏还给市场部的人留下了打小报告、不会安排工作、假公济私的印象。真真弄得他里外不是人，自此他表示，任何人的话都不能信。

在日常生活中，人们对于自己的诉求常常不会很直白地表达出来，而是会很委婉地提出自己的需求。在职场上亦是如此。在职场中，对于别人所说的话，如果你不懂得分析，一旦深信不疑之后，就很有可能会被他人当成刀来使，最后伤人又伤己。所以，在和同事沟通时，对于他人说的话，一定要懂得客观分析，从不同的角度考虑，千万不要以为同事说什么都是正确的，说什么你就信什么，一定要多动脑，这样才不至于成为职场中被人利用的小白鼠。

PART 6

初次见面,你需要的不是情商而是社交商

　　萍水相逢的陌生人,有可能改变我们大脑的运作方式,让我们的行为方式发生迥异变化。不仅情商重要,提高社交商也迫在眉睫,因为它决定了我们的心智表现,决定了我们一生的走向与成就。

微笑是最好的敲门砖

笑容是一种令人感觉愉悦的面部表情，可以缩短人与人之间的心理距离，为深入沟通与交流创造温馨和谐的氛围，因此有人把笑容比作社交的敲门砖。可以理解成，当你面对第一次交往的对象不知道说什么时，笑容可以帮你打开与对方沟通的大门。

一个善于微笑的人，无论走到哪里都会受到大家的欢迎，并在人际交往和公关办事中轻松自如、无往不利。因此，如果你希望别人见到你高兴，喜欢与你相处，那么请面带微笑，因为你发自内心的微笑在确切地向对方传递着信息，"我很高兴见到你""我喜欢跟你在一起"。

"称呼、微笑、握手"被喻为人与人见面交往的"三部

曲",需要仔细斟酌并认真对待。其中,微笑的作用最大,因为微笑是良好心境的体现,是乐观面世的表现,是自信心的展现,是真诚友善的外现,是敬业乐业的凸现。要学会保持微笑,很多情况下,微笑能给自己带来意想不到的成功机会。英国诗人雪莱对笑也是极其赞美的,他说:"笑,实在是仁爱的表现,快乐的源泉,亲近别人的桥梁。有了笑,人类的感情就沟通了。"

毕业季时,公司看中了某名牌大学的一名毕业生。这名毕业生因为在校表现优异,所学专业热门,几家公司争相聘请他。我们公司在这些公司中,显得实力有点弱了,却没承想他最终还是选择了我们公司。我对此既感到高兴,又有几分意外。

午餐时,在食堂刚好碰到了这名毕业生,我笑着走上前去跟他打招呼,问他工作习惯不习惯,他笑着点头说一切都好。随即我就问他为什么选择了我们公司。

他说:"就因为刚才你的举动。"我听后一头雾水,说:"我刚才什么都没有做呀?"

"你笑了。你知道吗?其他公司的经理在电话里都是一个腔调:生硬、直接、不带感情。虽然他们那里的条件不错,可是让我感觉那里肯定缺乏人情味。可你却完全不同,电话里的声音听起来特别亲切,让我似乎看到你正在电话那一端跟我微笑交谈。"

听了他的回答我很是感动,既为自己无时无刻保持微笑,更为这名毕业生对我微笑的认可。我相信一个会被微笑打动的人,一定是温暖且充满感恩观念的,那么他在生活工作中也一定会将这些传递给周围的人,给公司的发展带来正能量。

我的初恋是当时大学里最受欢迎的校草,很多女孩子为了追他不惜楼下摆蜡烛、去教室的路上围追堵截,但他却在这样的情况下跟我表白了。我当时很是吃惊,不敢相信,再三追问下他才告诉我原因。他告诉我,做新生接待那一天,他看到我对每一个新生都笑意盈盈,认为我对所有人的微笑都是发自内心的,包括对他,而不是像其他人一样,冲他微笑只是因为他长得帅。

真诚的微笑换来一个帅气的男朋友,见识到了微笑的法力了吧?微笑不仅是获取成功的"敲门砖",更是良好关系的孵化剂,是情绪的安定丸,它让沟通变得简单。

有一位叫珍妮的小姐去参加美国联合航空公司的招聘。她没有任何特殊关系,完全凭着自己的本领去争取。最终她被录用了,原因是:她的脸上总带着微笑。后来,那位人事经理微笑着

对珍妮说:"我宁愿雇用一名有可爱笑容而没有念完中学的女孩,也不愿雇用一个摆出生硬面孔的管理学博士。小姐,你最大的资本就是你脸上的微笑。"

"一副微笑的面孔就是一封介绍信",我们处世要做到心态平和、乐观向上,这样才会自然地流露出真诚的笑容。真诚的微笑最能打动人,会使我们产生一种无形的亲和力与人格魅力,甚至还能给我们带来有形和无形的回报。

卡耐基说过:"微笑不花费什么,但却永远价值连城。"还等什么呢?一二三,微笑吧。

在拒绝这件事上，越简单越好

便利贴，具备体积小、方便粘贴的优点，能够满足人们日常随时记事的需求，提醒待办的事项。但也正因为它的这些特质，便利贴在完成使命后便会被扯掉，扔进垃圾桶。

在日常生活工作中，也存在着"便利贴"性格的人群。他们不懂得拒绝别人，对于别人的请求总是有求必应，生怕自己的回绝会伤了彼此的和气。他们就像便利贴一样方便好用，然而也像便利贴一样普通廉价，用后就扔，不受重视。

电视剧《命中注定我爱你》中，陈乔恩饰演的就是这样一个"便利贴女孩"。她从来不懂得拒绝别人，不管是面对同事，还是初次见面的陌生人。久而久之，同事跟朋友觉得任何事交给

她都是应该的。一旦她没做好,就会遭到同事或朋友的指责和埋怨。

正因为这种"便利贴"性格,最后才会怀上陌生人的小孩,还好她遇到的是"富二代",要是她遇到的是不负责任的男人,她跟孩子这一辈子注定是一场灾难。

同事阿光也属于"便利贴"人群的一员。他每天都很忙碌,一副急匆匆的样子,恨不能把24小时揉碎了当48小时用。但是这其中的一大部分时间,不是为他自己忙,而是为别人。

工作上,阿光可以每天为同事取四五次快递,所有同事的午餐和下午茶也都是他天天负责叫外卖。更加别提其他的了,抬个桌子,装个电脑,找阿光准没错。阿光去香港出差,有一半时间是用来给同事、朋友代购,最后还可能由于同事、朋友对买来东西的颜色、型号不满意,使得他整整半个月都用来退换货。

生活上,朋友有困难,第一个想到的就是找阿光解决。给女朋友买礼物,找阿光;工资花完了揭不开锅,找阿光;失恋了需要人安慰,找阿光……

不懂拒绝他人的处世之道不仅没让阿光获得他自己想要的,反倒让他吃了不少苦头。工作上,由于他总是将过多的时间用来帮助他人，导致自己的工作常常拖延完成，从而给领导留下了做事拖延、不努力的印象。

阿光的人际关系网也出了问题。他自带的这种"老好人"标签降低了他在他人心目中的存在感，给人一种呼之则来、挥之则去的定位。大家一有事就找他，但是有好事就忘记他。

作家三毛说过："不要害怕拒绝别人，如果自己的理由出于正当。因为当一个人开口提出要求的时候，他的心里预备好了两种答案，所以给他任何一个其中的答案，都是意料中的。"

拒绝他人要简单干脆，不需要太多太长的理由，切忌躲躲闪闪，给出太多解释。简短的说辞足够表明态度即可，熟人会换位思考理解你。至于不熟的人，他压根不在乎你拒绝的理由。拒绝要当机立断，一天只有24小时，每个人的时间和精力都有限，任何人都没义务去替他人做本该是后者做的事。就像毕淑敏说的那样，拒绝是一种权利，就像生存是一种权利。你有这种权利，不用就亏了。

心理专家雷明老师说过这样一段话——

在拒绝这件事上，越简单越好："我帮不上你""不行""不可以"。绕来绕去解释半天，只会让自己感觉亏欠了别

人,或者让对方觉得你亏欠了他,徒增许多烦恼。明明是别人需求自己帮忙,是他亏欠你人情,你帮不上就明确拒绝,如果你这不好意思那不好意思,就成了你亏欠了他。

面对同事跟朋友我们都要做好拒绝的准备,何况是陌生人。走在上海的街头,你总会遇到几位阿姨让你帮忙填个调查问卷什么的。阿姨们说话时言辞诚恳:"就差一个名额了,你就帮帮阿姨吧!阿姨这都忙一天了。"

那时我刚毕业去上海,在去面试的路上遇到了这种情况。在我犹豫的间隙,被阿姨们簇拥着上了一栋写字楼,走进了一个小房间。刚进去就让我躺下,为我按摩洁面。我化好的面试妆就这样没了,看阿姨们这么热情,我最终还是没有张开嘴说"不"。

但是,不拒绝这种事是会让别人得寸进尺的。见我不拒绝,阿姨们终于开启了终极目标,向我推荐护肤品。

"阿姨,你们的产品是挺好的,但我刚毕业,没这么多钱,买不起。"我委婉地拒绝了。阿姨们显然不懂委婉地拒绝是为了给彼此留情面,依旧执着地向我推销。眼看着时间一分一秒过去,马上就到我约定的面试时间了,我知道再不拒绝不行了。

"我皮肤再差,你们的东西我也不会买!现在我要马上离开这里。不然，我就报警了！"我义正辞严说出这句话。拒绝后，我发现并没有多尴尬，阿姨们也没表现出多失落，相反整个氛围因为有了一个明确的结果，而变得轻松起来。我离开，阿姨们则继续寻找下一个目标，互不耽误。

在传统的人际交往观里，讲究一团和气，提倡君子成人之美，大多不会勇于表达自己相反的观点，耐不住别人的三声请求就会败阵。其实当你坚持拒绝后，局面反倒会豁然开朗起来：对方知道了你的需求，不会再强求；你也知道了自己的底线，不会感到委屈。如此才会达到最终的沟通目的，而且是在轻松的氛围下完成的。你不拒绝的结果是带着情绪完成了对方请托的事，最终只能剩下双方的不愉快。

当然，拒绝他人同样也需要因时因地、技巧性地应对，免得失了情分，毕竟人生于世，日后可能还要他人多加担待，留条后路未尝不可。

你评价别人的样子,出卖了你的素养

萧伯纳说过:"如果你有一个苹果,我有一个苹果,彼此交换,我们每个人仍然只有一个苹果;如果你有一种思想,我有一种思想,彼此交换,我们每个人就有了两种思想,甚至多于两种思想。"

什么叫交流?是双向沟通,是思想互通有无。当一个人只想证明自己正确的时候,他是没法跟人进行沟通交流的。他始终只想着要在言语上胜过别人,这是情商最低的行为。

作家王蒙写过一篇叫《雄辩症》的小小说,是一个患了"雄辩症"的病人去看医生的故事。

医生礼貌地对病人说:"请坐。"

病人却不乐意了:"为什么要坐?难道你要剥夺我不坐的权利吗?"一下子就聊不下去了,医生决定换个人畜无害的话题缓和气氛:"今天天气不错。"

结果病人还是不买账,说:"纯粹胡说八道!你这里天气不错,并不等于全世界在今天都是好天气。例如北极,今天天气就很坏,刮着大风,漫漫长夜,冰山正在撞击……"

医生解释:"我说的今天天气不错,一般是指本地,不是全球嘛。大家也都是这么理解的嘛!"

病人反驳:"大家都理解的难道就一定是正确的吗?大家认为对的就一定是对的吗?"

看病重要的环节是问诊,而病人始终采取不合作、对抗的态度,医生根本没办法给他看病。他语语反驳、句句雄辩,却忘了此行真正重要的目的。当一个人始终要在言语上胜过别人的时候,他说话的目的就不再是沟通,而是战胜别人。

没有人喜欢被质疑和反驳,没有人喜欢被逼着认输,我们应该为了真正的知识而讨论,而不应该为了压倒他人而讨论。真正的思想交流者应该是谦逊的,他们积极寻找共识、乐于承认不足,不轻易评价别人。对他们来说,驳倒他人不是最重要的,获得一种更清晰的认知才是更有价值的。永远不要忘记沟通真正的

目的,是产生语言跟思想的交换,而不是你自己直接去进行评价。要知道你评价别人的样子,出卖了你的素养。

小蝶刚到公司时,因为其一米七的身高,以及深航空姐的工作经历,让公司很多男士趋之若鹜。每天请小蝶吃饭、看电影的人都要排队。但一个月后情况发生了大逆转,原本追着小蝶的那些男人对小蝶避之唯恐不及。问其原因,是他们太害怕小蝶的评价了。

别人考驾照一次性过了,她说:"省了不少钱啊!该请客吧。"

别人晒新车照片,她也有话说:"这种几万块钱的车,高速都跑不起来,买它做什么用?"

微信朋友圈她也不放过。别人秀恩爱,小蝶来一句:"怎么只给自己P?男朋友也得P呀!"

这种随意揣度别人的评价,不仅直接毁了别人的好心情,也会让自己看起来很low,更是直接暴露了自己的狭隘和浅薄。如此一来,原本对小蝶感兴趣的人,自然而然选择了远离。但小蝶完全意识不到是因为这个原因,她继续兴致勃勃地评价着那些男人,说有的太胖,有的又太矮,还有的没钱,这些男人都是因为自卑才放弃了对她的追求,跟她个人无关。

评价的成本太低，只需要张嘴就行，脑子都不需要动。但其反映的正是我们失去了一种思考的能力和宽容的态度。对一件事情指指点点只花费几秒钟，但是大部分人不愿意花费精力去理解事情为什么发生。如果每个人都能多想那么一点点，或许社会将少很多戾气。

不久前，网上有一个很火的关于"拒绝道德绑架"的视频：

一车的人都在指责一个看似健康的年轻人没有为老人让座，当他站起来时，人们才发现他没有左腿；

同学聚会，所有的人都在劝一个同学不要不给面子喝了这杯酒，当他醉倒送入医院时，大家才知道他酒精重度过敏。

视频里出现的场景在我们的生活中比比皆是。我们往往不经过细致了解和深入调查就轻易地对事情下结论，对人贴标签，由此导致网络暴力越来越严重，轻则"人肉"他人，让人不得安宁；重则让人精神崩溃，抑郁自杀。

对待不了解的陌生人，控制好你的情绪，管好你的嘴，让他感受到温暖和尊重，不要随意用自己的成见去揣测别人、评价别人，这是做人最基本的素养。

不做傻人，逢人只说三分话

每每遇到高兴的事时，我们大脑中多巴胺的分泌会增强。多巴胺是一种神经传导物质，用来帮助细胞传送脉冲的化学物质。这种脑内分泌物和人的情欲、感觉有关，它传递兴奋及开心的信息。一旦多巴胺的分泌加强，我们的情绪会越来越兴奋，会加速沟通欲望。这就是为什么每每遇到看得舒服或觉得聊得投机的陌生人，我们会渴望诉说，恨不得把自己的前世今生都说给对方听。

往往在与他人交往的过程中，最愚蠢的人就是那些全盘托出的人，稍微聪明点的人知道如何把握分寸，不会轻易泄露并掏出自己的整颗心。当遇到老实的人，你们又一见如故，分享心中的秘密，也许会因此成为至交。而现实生活是复杂的，最可能发生的是这种情形：你把整颗心交给他，他却会因此而看不起你，更有甚者会因此而起了坏心，打起了歪主意，想着怎么暗算你。

因此，在待人处事中，不管你遇到的人多么让你开心，为了不让自己吃亏受害，特别是对摸不清底细的人，话少人才不傻，否则，到时候自己吃了亏受了伤都没处说，因为是你自愿的。

孟星在某家外资公司的职业生涯很短暂，一个月不到便被老板找个理由炒掉了，其"功劳"要归于她在公司楼下咖啡厅的一次偶遇。

每天中午孟星都会去楼下的咖啡厅坐坐，放松放松。有一天中午因为咖啡厅位置不够，一个女孩子要求跟孟星拼桌。在喝咖啡的过程中，两人开始闲聊，没承想越聊越投机，两个人喜欢的偶像是一样的，就连喜欢的衣服品牌都是一样的。

女孩问孟星在什么公司上班，是做什么的，等等。孟星都一一回答了。

一听孟星说的公司名，对方就表示很吃惊："你是出纳呀？听说你们公司的财务主管是个人见人烦的角色，你可得小心点。"

看到对方这么关心自己，孟星很是感动，想都没想对方

是怎么知道自己公司情况的,脱口而出:"没关系,我跟他是亲戚。"

孟星一个月的试用期还没过,就被辞退了。她一直没想明白为什么。直到有一天她在咖啡厅女孩的微信朋友圈看到她和经理的合照才恍然大悟。原来那个女孩跟自己公司的经理认识,所以才清楚自己公司的情况。肯定是女孩将自己是财务主管亲戚的事告诉了经理。经理本就是个生性多疑的女人,结果自己就被辞退了。孟星为此后悔不已,要是说出去的话可以撤回,她肯定不惜一切代价撤回。

翻开《增广贤文》,里面有这样一句话:逢人且说三分话,未可全抛一片心。这句话作为中国人生存的金玉之言而被世代强调。逢人只说三分话,还有七分,不必对人说出,以免别人彻底掌握自己的"底细"。有人认为,自己做人光明磊落,没有什么见不得人的事,说三分话岂不是心理有些阴暗了?

没有什么见不得人的事,也没有必要向所有人宣布呀!世故之人,他们只说三分话,绝不是不诚实,也绝不是狡猾,而是有分寸。分寸拿捏得好,很普通的几句话,也会平添几分分量。

郭总从外地回老家做生意,是准备转行的。为了拉近朋友的关系，也为了让朋友理解自己为什么放弃外地的好条件回老家，郭总把自己的想法全部说给两个朋友听，得到理解后，郭总和朋友之间几乎无话不说、无话不谈。

后来，郭总去一个公司投标，各种工作都做了，结果没中。一开始郭总觉得是因为他刚从外地回来，有些流程不熟，不中标很正常，哪知道接下来两三个都没有中标（中间花了很多钱），他就彻底崩溃了。打击太大，考虑再三，郭总认为是转行的生意不好做，打算撤出这一行，继续去外地谋生。

临走前，郭总邀请了一些朋友喝酒。酒过三巡，就有一个朋友说："你知道你为什么总不中标吗？因为别人知道你的底细，你永远中不上！你傻了！你只是一个陪客而已！"

朋友的话一出，郭总的酒就醒了三分。他终于明白了，原来他败在让别人知道了自己的底细。让对手清楚了自己的底牌，如此不输才怪。

知人知面不知心，世事复杂，不要随意将自己的心声向他人吐露，小心没大错。

社交没那么容易,每个人都很忙

这是一个很忙的时代,每一个人每一天都需要为自己的生活付出相应的时间。只是,我们真的有这么忙吗?想想你是否有过这样的时候:你跑到一个聚会上,跟一群陌生人嘘寒问暖,全程笑脸相迎,满屋子客套话,互相絮絮叨叨,敬酒、扫微信、留电话号码,但是三天之后就记不清对方是谁。这不是你记性不好,而是因为这种社交是无效的。

仔细想想,你有多少时间和精力被这种"无效社交"占用了。

很多时候,真正使我们忙碌的并不是社交本身,正是这种"无效的社交"。

所谓"人脉就是钱脉",是当今最大的谎言。现在每个人都很现实,都只想认识对自己有用的人,想想你在成功人士面前自我介绍时那种没底气的样子,别人不会把你放心上的。这种社交只能让你越来越没底气,越来越不自信,从而变得浮躁、焦虑。

况且,君子之交淡如水。真正成功、聪明的人都会和别人保持一定的距离,很少浪费时间去跟不相干的人打成一片。

同事小杨号称网络社交达人,每天都忙着花大量时间去消灭微信的小红点,忙着给朋友圈的每一条信息点赞。他很害怕因为自己的疏忽错过了别人的信息,或者没有礼貌地点赞,让别人觉得自己没把对方当朋友,所以不论是谁跟小杨聊天,他都会积极地回应。

那天小杨正在写一个方案,前同事给小杨发来信息,问小杨在吗,小杨很快回复了一个"在"。随后这位前同事就发来一大段话,大致意思是自己跟男朋友吵架了,细数了很多男朋友的不好表现。

当时的小杨在忙,简单地回复了一下。大概意思是,女人要靠自己,当女人自己变优秀了,会发现有更广阔的天地。

这件事就这样不了了之了,几天后有陌生人添加小杨。本着社交原则,小杨没有询问对方是谁,就通过了。

"我×你妈?你跟我女朋友都说了些什么?你们两个是不是有一腿?天天给她点赞,她有事也找你安慰,信不信我弄死你!"刚通过对方就给小杨发来这样的话。经过了解,这个陌生人是前同事的男朋友。小杨想找到前同事让她解释清楚,发现自己已经被删好友了。

小杨怎么截图,怎么解释,对方始终不依不饶,骂骂咧咧。小杨没办法,只能将其拉黑。

这件事给了小杨很大打击。在这以后小杨不再点赞到底,也不再随便通过好友,哪怕是之前的好友有事求助帮忙,他也不像之前那么热心了,尤其是异性好友,他能不交流就不交流,免得给自己惹上不必要的麻烦。

这样做以后,小杨发现自己不仅没有缺少朋友,反而和家人以及朋友处得更好了。

曾国藩奉行的"十二戒"中有一条是:夜不出门。

我最开始知道的时候,不懂"夜不出门"为何会成为"十二戒"之一。直到我成为一名管理者,每天会给自己规定完成若干事情,却每次都因一些饭局和酒局耽搁了;直到我发现自己再也没法集中精力看书学习,才真正认识到:每个人每天的确都只有24小时,做了这件事,就注定无法做另一件事。

如果我每天都花3个小时在饭局和酒局上,那我一天还能做什么?我想,除了日益加深的皱纹,以及腰上增长的肥肉,其他一切都不会改变。

"夜不出门"的戒律延展开来说,就是不参与一切没有意义的饭局和酒局,拒绝无效社交,以便把更多的时间用到更重要、更有意义的事情上。社交真的没那么容易,每个人都很忙,因此,一旦开始社交,就得快速进入状态,让情绪正确,让沟通直接。如此,社交才堪称有效。

为别人着想的善良,是最好的沟通前提

最好的沟通是建立在尊重之上的,遇到陌生人,为其着想的善良是架起你们沟通桥梁的基础。

地铁站里的一群农民工师傅,曾温暖了我们整个朋友圈,他们不需要一言一语,就让每个人愿意与他们交流,因为大家相信与他们交流肯定是温暖亲切的,不管生活遇到了多大的苦与难,在他们这都能得到安慰。

那是一个早晨,正是南京地铁早高峰,一群农民工师傅看着一班班列车驶离,却迟迟不愿上车。问了以后才知道,不肯上车的原因是他们怕自己随身携带的行李影响到其他乘客,还说:"年轻人上班要赶时间,让他们先走,我们不赶时间。"于是,足足等了两个小时,他们才搭上了列车,奔向自己的目的地。

这发自内心的善良是他们无声的呐喊,他们没有义务这么做,却选择这样做,是为了用自己的行动告诉那些对农民工存有偏见的人:不是我们愿与脏乱差为伍,我们只是用自己的脏乱差换取更多人的干净,换取这座城市的整洁。

大凡两个人接触,彼此都会有一个大致判断然后形成沟通的初步印象,如对方的精神面貌。一个紧张兮兮的人或充满焦虑的人很难有高效的沟通,大多会遭到别人的排斥。一个充满自信且心态平和的人会给人留下良好的印象。此外,得体的衣着和良好的精神面貌以及恰当的语言风格也是良好沟通的前提条件。而这一切都抵不过一个善良的行为。

善良是无声的呐喊,能抚平人的情绪,带给人平和。曾经在网上看到一个小故事:

一位姑娘在点餐时遇到一个流浪汉,便顺手为他也买了一份,流浪汉很感激,跟她说起了自己的遭遇:没有父亲,母亲过世,自己染毒,处处遭受歧视,生活过得很痛苦……告别前,流浪汉写了张纸条塞给她,上面写着:

"我本想在今天结束生命,但因为遇见你,现在不想了。谢

谢你,美丽的人。"

德谟克里特说:"一个人要么必须做个好人,要么仿效好人。"人,纵有万千的道路可以抵达人生的终点,而善良,则一定是人生路上最好的修行。人为善,福虽不至,祸已远离;人为恶,祸虽不至,福已远离。我们做好人不是为了要回报,只是为了成为更自由的人,而不是身受枷锁。

岁月旅程,总会有不可预测的风雨;生活长路,也充满了无数的未知,只要人人都心存善良,世界回报给我们的幸福就会更多。

尬聊就是没情商，不会来事

生活中，有一些人自来熟，可以很快地跟交往对象打成一片，一个话题接着一个话题，就算跟他刚认识不久的人，也会有已是多年好友的感觉；还有一种人，俗称冷场王，总是会让话题陷入尴尬的境地，这就是所谓的尬聊。

尬聊是一个网络词语，即尴尬地聊天，气氛陷入冰点。对于有些人来说，好好聊天实在太难，碰到一个不会聊天的，分分钟能把天聊死，但情境所需又不能不聊天，这种尴尬地聊天被网友们称为"尬聊"。

我们许多人认为，造成尬聊的原因是某句话。事实上，最让人尴尬脸红的不是那句话，而是那句话背后的联想。

比如，一位学者的演讲会结束后还有抽奖环节。当学者在热烈的掌声中结束演讲时，主持人抱着抽奖箱上台，对大家一笑，说道："终于开始抽奖了，相信大家一定等急了。"这句话顿时让全场陷入尴尬。

有人说尬聊就是没情商不会来事，要想不与别人尬聊，就要拥有高情商和察言观色的能力。

在跟别人聊天的时候要注意倾听对方的话语，可以适当地说一些自己的感受和意见，一定不要把话说死了。在说每一句话之前都要认真地考虑一下，会不会给别人带来伤害，切忌说话不经大脑。

你要是认识与你聊天的人，知道对方的喜好，那就很简单了，就挑他感兴趣的话题聊准没错。如果你对他感兴趣的领域不是很了解，可以用请教这方面知识当理由，让他多说话，你当一个聆听者。这样时不时提问，说一些自己的见解，相信会聊得很愉快。

如果你和聊天对象不是很熟，那就可以从夸赞对方开始，或者说说你们生活中或者工作中的共同点。举例来说，刚上大学军训那会儿彼此都不认识，但是大家都是第一次住校，所以我就拿想家的话题来和同学聊天，果然大家都凑到一起感叹军训的苦和非常想家的心情。话题打开了，我们的距离也就拉近了，平时有些小事也能互相聊了，也就渐渐知道对方的喜好，从而避免尬聊了。

聚餐唱K是每个公司增进同事交流、认识新同事最常用的方法之一。我一直记得自己刚加入公司时，迎新聚餐上两个新同事给我留下的截然不同的印象，真正诠释了什么叫尬聊什么叫高情商聊天。

当时的我因为饿了，加上没法夹菜、转菜，所以就近开始吃点心。坐我旁边的新同事A问了句："馒头只有馒头味，你怎么吃得这么开心呀？"

A这话一出，我就被噎住了，馒头不就是只有馒头味吗？难道只有馒头味的馒头我就不能吃得开心吗？

我被噎得咳嗽不止、面红耳赤，A笑了："吃个馒头都能被噎住，你是不是傻？"

如果当时我能说话，我肯定会说："你才傻，你全家都傻。"

"你是不是傻？"这话虽然网络上常用，但用在此时显然不合适。

A这话一说完，场面冷了下来。这时新同事C马上给我倒水，

边倒水边对大家说:"她这是激动。她是在用这种方式表达我们加入这个大家庭的开心之情,因为我们真的很高兴加入这个大家庭。"她话刚说完,领导带头鼓起了掌,并一一给我们新员工敬酒。

我当时就想,情商这么高,C以后肯定会混得很好,而A估计待不了多久。

果不其然,往后A在工作中处处碰壁,没多久就不得不离职了。C则一路畅通无阻,最后被调去了最吃香的公关部门,因为她跟谁都能愉快地聊天。

尴尬地聊天不仅无益于关系的熟络推进,相反非常有损对方对你的印象。

在日常生活中要不断地提升自己的能力,不断地扩充自己的话题范围和知识面。这样在跟别人聊天的时候,才能够主动地发掘一些合适的话题,也能接住别人的话题,不至于让场面陷入尴尬。

千万不要小看了聊天,聊天就像在下棋一样,需要一边看眼前的对局,还得一边往远处设想,这样,下棋才能赢,说话才能既不伤别人颜面,也给自己留有余地。

不要一味地讨好,良好沟通从拒绝开始

你是不是因为害怕孤独,为了多留住人,所以总是去讨好别人?你是不是害怕被拒绝,所以总是试图去讨好别人,不让别人有拒绝你的机会?你是不是害怕给别人留下不好的印象,所以一次次讨好别人,连拒绝都不敢说出口?

很多人总是在意别人对自己的看法,因此没了脾气、没了个性、没了拒绝。这样久了,人生也就没了自己的方向,每天都在迷茫中度过。讨好别人,活成别人期待的样子,不是你的人生目标,活成独特的自己才是。

其实,无论你做得多好,也还是有人指指点点;你即便一塌糊涂,也还是会有人给你点赞。所以不必掉进他人的眼中,你需

要讨好的,仅仅是你自己。人生路上,风一程,雨一程,我们会遇到很多的人和事,并不是所有的人你都会喜欢。同理,也并不是所有的人都会喜欢你,就算你再怎么为别人去改变,也不会让人人都满意。所以说,与其挖空心思改变自己、迎合别人,还不如做真实的自己。

有些人是众人眼里的大好人,对家人无微不至,对朋友有求必应,即便是对陌生人也慷慨相助,哪怕自己受苦受累受伤害也不对别人说"不"。美国一名心理学家认为,这种对他人太友善的无私性格或是一种病态。

英国《每日邮报》刊登过作者露西·泰勒的文章。露西·泰勒在文章中通过她一位朋友的故事分析这种"友善病"。泰勒的朋友对工作、家庭、朋友面面俱到,抚育两个孩子,照看房子,参加家庭教师协会会议,照顾老母亲之余还当起兼职护士。亲友们有问题也都爱向她求助。一个侄女每天给她打电话,控诉自己的丈夫,声称婚姻走到尽头,一说就是数小时,时而痛哭流涕,时而怨声载道。

这位朋友是大家眼中最友善无私的人,不料她私下却对泰勒坦承,自己身心俱疲。有一次面对一名倾诉烦恼的同事,她表面上礼貌应对,还不断安慰对方,实际上早已不耐烦,"我想让她闭嘴或滚开,想扇她一耳光"。

泰勒说,人们从小就被教育说对人友善是一种善行。许多女性和她的这位朋友一样,不断给予以取悦于人,不由自主地赞同对方,满足对方要求,难以对别人说"不"。美国心理学家莱斯·巴巴内尔认为,对他人友善至泰勒朋友这种程度已经不再是值得赞美的善良性格,而是一种病理状态,名为"看管人性格紊乱"或"取悦病"。

再好的善良,一旦过了头,便不是善良,而是卑躬屈膝地讨好。总是在和别人求同,结果事与愿违,自己往往是最先被抛弃的一个。客气地拒绝别人,是一种良好的沟通方式,让别人了解你是个什么样的人,往往是从拒绝开始,而不是从讨好开始。活出自己,不讨好、不做作,让自己的善良有底线。

前几天,我堂妹兴高采烈跟我说:"姐,我终于做到了,我终于让别人重新认识我了!"

堂妹是公司出了名好说话的人,同事让她帮忙她就帮忙。所以,当她将精心制作好的PPT方案发出来,让大家提意见时,大家立刻七嘴八舌,堂妹开始逐一记录。记到后面,堂妹发现不对,提的意见都是一些关于字体、配色方面等个人审美的问题,而不是一些实际的问题,这样根本无助于她PPT的精进修改。她

觉得这可能跟日常自己好说话有关,所以关键时候大家也都在敷衍她。

意识到这一点,堂妹特别生气,站起来大声叫停:"你们的意见我不会听的!都不是什么建设性的意见,也彰显不出你们的水平。你们确定要向我、向领导展示这样水平的自己吗?"

堂妹话一说出来,大家都愣了,仿佛不认识眼前的堂妹一般。堂妹说当时沉默的一分钟里,她手心都出汗了。她脑海中想了很多种可能,担心大家消极对抗,但没承想,沉默过后大家说:"你把PPT从头放一次,先说一下思路,这样我们才好提意见。"

我问堂妹当时为什么那么勇敢,她说:"这种事有第一次就会有第二次。我一直害怕拒绝别人,是我觉得自己对别人至关重要,为了别人的评价和眼光,我焦虑、恐惧。而在别人眼里,我可能就是个人名,所以他们才会那么不尊重我。"

那件事过去之后,堂妹还是继续乐于助人,但大家对她尊重了很多,不会什么事都找她,有什么事也会问问她的意见,不会再把她当小透明了。

所以说,我们一定要做真实的自己,绽放属于自己独特的光芒,行我所行,爱我所爱,听从己心,无问西东。

我们不必用百般的求全来换取别人的认可、欣赏和尊重，因为认可、欣赏和尊重是吸引来的，而不是通过自我牺牲得来的。安心过自己的小日子，不必和那些不喜欢自己的人去纠结，更不必假装喜欢别人，也无须强迫别人喜欢自己，坦坦荡荡，做自己喜欢做的事。人生短暂，用真性情同生活和解，用真性情与生活拥抱。